养老项目全过程咨询服务与智慧养老应用实践

刘 印　主编

同济大学出版社
TONGJI UNIVERSITY PRESS
·上海·

图书在版编目(CIP)数据

养老项目全过程咨询服务与智慧养老应用实践 / 刘印主编. --上海：同济大学出版社，2025.7. -- ISBN 978-7-5765-1703-3

Ⅰ. D669.6

中国国家版本馆 CIP 数据核字第 2025LW8124 号

养老项目全过程咨询服务与智慧养老应用实践

YANGLAO XIANGMU QUANGUOCHENG ZIXUN FUWU YU ZHIHUI YANGLAO YINGYONG SHIJIAN

刘 印 **主编**

责任编辑 陆克丽霞 **责任校对** 徐逢乔 **封面设计** 于思源

出版发行 同济大学出版社 www.tongjipress.com.cn

(地址:上海市四平路 1239 号 邮编:200092 电话:021-65985622)

经 销 全国各地新华书店

排 版 南京文脉图文设计制作有限公司

印 刷 上海新华印刷有限公司

开 本 787mm×1092mm 1/16

印 张 9.75

字 数 225 000

版 次 2025 年 7 月第 1 版

印 次 2025 年 7 月第 1 次印刷

书 号 ISBN 978-7-5765-1703-3

定 价 66.00 元

编 委 会

前言

我国目前已进入人口老龄化阶段，积极应对人口老龄化已被纳入国家战略层面。国家统计局公布的2024年国民经济数据显示：60岁及以上人口达31 031万人，占全国人口的22.0%；65岁及以上人口为22 023万人，占全国人口的15.6%。60岁及以上人口首次突破3亿人规模，老龄化加速态势显著。从城乡构成来看，城镇常住人口94 350万人，较上年末增加1 083万人；乡村常住人口为46 478万人，减少1 222万人；城镇人口占全国人口的比重（即城镇化率）为67.00%，比上年末提高0.84个百分点。为应对这一严峻的人口老龄化趋势，国家出台了一系列政策，如《国务院关于加快发展养老服务业的若干意见》等。与此同时，地方政府也发布了配套政策，旨在通过提供更优质的养老服务，满足老年人的多样化生活需求。

2025年，上海市民政局印发《上海市养老机构品质提升三年行动方案（2025—2027年）》，明确提出要优化机构养老服务供给，进一步发挥养老机构的专业支撑和资源协调作用，进一步满足失能失智、特殊困难等老年群体对专业照护的期盼和需求。到2027年，养老机构住养服务品质、医养结合水平、敬老爱老氛围、专业科技含量和安全管理能力全面提升，养老机构入住老年人的满意度不断提高，努力打造人民城市机构养老新范式。

在国家及上海市政策的有力推动下，结合日益增长的养老市场需求，养老建筑类型呈现多样化发展趋势，如社区养老设施、老年公寓、养老院等。各地还涌现出“社区养老服务驿站”“星光老年之家”等新型养老模式。

尽管政策支持力度加大，但国内养老产业仍面临诸多挑战。例如，基础设施落后，早期建设的养老设施难以满足现代养老需求；服务能力不足，专业护理人员缺乏；需求分析不够精准，新建的适老化设施未能有效匹配老年人实际需求，造成资源闲置；标准体系尚不完善，养老项目的规范和标准存在缺失，影响项目验收和质量保障等。

我国当前的养老服务模式遵循“9073”结构，即90%的老年人倾向于居家养老，约7%依托社区养老服务，仅有3%选择专业养老机构。与此同时，典型的“421”家庭结构（即四个老人、一对夫妻和一个孩子）使得传统家庭赡养模式面临挑战，推动社会化养老服务发展成为必然趋势。在建筑设计领域，国内逐渐融合多学科理论，更加注重老年人的实际需求。我国养老产业研究始于20世纪90年代，主要借鉴发达国家的经验，探索适合我国国情的养老模式。调研数据表明，约60%的老年群体反映当前居住环境存在适老化缺陷，主要表现为紧急呼叫系统缺失、辅助扶手安装不足、室内采光不良以及卫浴设施不便等问题。这些问题显著降低了老年人群的生活质量，并带来了安全隐患。值得注意的是，部分老年人对“不适老”问题敏感度较低，可能导致实际问题的严重性被低估。发达国家在应对人口老龄化方面积累了丰富的经验，尤其在养老模式和养老住宅设计上颇具借鉴意义。其养老住宅设计注重人性化和适老化，充分考虑了老年人的身心需求。基于此，我国养老建筑需进一步加强适老化需求设计，以更好地满足老年人的生活需求与心理需求。

提升养老项目的适老化水平，离不开高品质的咨询服务能力，而全过程咨询能够很好地解决这一问题。全过程咨询可以将医养结合、社区文化与养老融合、老年人教育与养老融合等需求系统整合，为养老项目提供全方位、全过程的咨询服务。随着科技的发展，人民的生活日益智能化，“智慧养老”应运而生。将智慧养老技术运用于养老项目，可显著改善老年人的生活品质。

针对家庭养老能力下降这一现实挑战，我国正着力打造“三位一体”的新型养老模式：以居家照护为核心、社区服务为支撑、专业机构为辅助，同时积极推进医疗资源与养老服务的深度融合。在此过程中，智能化养老服务模式的创新培育被列为重点发展方向，智慧养老被视为应对人口老龄化危机的重要解决方案。随着物联网、云计算、大数据等技术的日益成熟，智慧养老逐步兴起。然而，当前智慧养老的探索存在失衡现象，研究和实践主要集中在数据挖掘与后台智能化方面，而对系统与用户交互的关注不足，这导致智慧养老产品和服务的适老化设计欠缺，影响了其应用效果和可持续性。智慧养老涵盖了老年人健康管理、医疗照护及生活各方面的信息技术应用。近年来，高校、研究机构和产业界对智慧养老的关注度不断提升，相关研究和实践不断深化，但智慧养老产品和服务的适老化设计仍需进一步加强，以更好地满足老年人的实际需求。在政策支持下，智慧居家社区养老服务快速发展，其供给模式分为公共平台和自有平台两种，供给主体包括政府、商业部门、非正式部门和家庭。以长沙市等地为例，智慧养老服务机构呈现小型化趋势，服务项目涵盖助餐、健康体检、陪伴聊天等，智慧设备的普及速度也在加快。

人口老龄化的加剧对养老服务体系、建筑设计和智慧养老技术提出了更高要求。未来，需进一步完善养老建筑标准，积极推动适老化改造，提升智慧养老的适老化设计水平，以更好地满足老年人多样化、多层次的需求。

本书共分为 8 章，主要内容包括：第 1 章介绍养老项目的发展背景及应用现状；第 2 章介绍全过程咨询在养老项目中的运用情况；第 3 章介绍养老项目全过程咨询的服务内容；第 4 章介绍现代养老建筑适老化设计关键指标；第 5 章介绍现代养老建筑适老化品质管控；第 6 章介绍现代养老建筑适老化交付要求；第 7 章介绍智慧养老项目技术框架、智慧养老项目实施路径、智慧养老项目应用场景；第 8 章是智慧养老项目案例分析。

本书旨在为养老产业的发展提供理论支持和实践指导。鉴于作者水平有限，书中若有不足之处，欢迎广大学者和专家提出宝贵意见。若存在未注明出处的引用文献，深表歉意，并将在后续版本中予以修正。

编者

2025 年 3 月

目录

第 1 章　养老应用现状

1.1　人口老龄化趋势

医疗科技的突飞猛进与经济的稳步发展，共同推动了世界各国居民生活品质普遍提升，人类预期寿命呈现持续增长态势，但同时也衍生出一个亟待解决的社会现象——老年人口比例不断攀升。我国正处于快速发展的关键阶段，党的二十大报告明确指出，我国社会主要矛盾是人民日益增长的美好生活需要和不平衡不充分的发展之间的矛盾。在这一背景下，我国的人口老龄化问题尤为突出，呈现出总人口基数大、老年人口规模大、低龄老年人占比高、老龄化速度加快等特点。

1.1.1　人口老龄化和家庭结构变化的挑战

1. 人口老龄化、高龄化及空巢化加剧

随着经济发展和医疗技术的进步，全球人口老龄化问题日益严峻，中国在这一趋势中表现尤为突出。根据国家统计局及相关部门公布的数据，2024 年全国 60 岁及以上老年人口数量及占比情况如下。

1) 人口数量与占比

截至 2024 年底，全国 60 岁及以上老年人口为 3.1 亿人，占总人口的 22.0%。这一比例较 2023 年的 21.1%上升了 0.9 个百分点，老年人口数量同比增加约 1 334 万人。其中，65 岁及以上人口为 2.2 亿人，占比 15.6%。

2) 老龄化趋势分析

中国老龄化进程加速，未来 10 年(2025—2035 年)，预计每年新增老年人口将超过 1 000 万人，到 2035 年老年人口总量可能突破 4 亿人。老龄化加剧的原因包括：人均预期寿命延长(2024 年达 78.6 岁)、低生育率(出生率仅为 6.77‰)以及人口负增长(2024 年年末全国人口比上年末减少 139 万人)。

3) 区域与城乡差异

城镇化率提升至 67.0%，但乡村人口减少加剧了农村老龄化问题。例如，杭州市 60 岁及以上户籍老年人口占比达 25.92%，而厦门市户籍老年人口占比仅为 15.3%。部分地区老龄化程度更高，如杭州市的建德市、临安区等地老年人口占比超过 30%。

4) 政策与社会影响

政府通过完善养老保障体系(如高龄津贴、养老保险覆盖 10.66 亿人)、推进医养结合(截至 2023 年末，全国养老床位 823 万张)以及开展适老化改造等措施来应对挑战。银发经济被视为重要发展机遇，预计到2035年，其在GDP中的比重将从6%升至9%。

2. 家庭规模缩小与养老功能弱化

家庭结构正从传统大家庭向核心家庭转变，"421"家庭结构（即四个老人、一对夫妻和一个孩子）成为主流。独生子女政策的长期实施及现代家庭观念的改变，使得家庭养老功能逐渐弱化。子女因工作等原因离开原生家庭，导致家庭养老模式面临严峻挑战。老年抚养比从2010年的11.9%上升至2021年的20.8%，养老压力持续增大，亟须探索新的养老模式。

1.1.2 居家社区养老服务问题聚焦与新探索

1. 养老服务需求与供给的失配

老年人养老服务需求呈现出多样性与差异性，涵盖生活照料、心理关爱、健康保障、文化娱乐等多个方面。不同年龄、健康状况和经济能力的老年人，其需求各不相同，而养老服务供给严重不足。特别是社区养老服务设施和专业人才短缺现象，难以满足老年人的多样化需求。

2. 居家社区养老服务的优势与探索

居家社区养老服务具有本地化、个性化、便捷性等显著优势，能够满足老年人在熟悉环境中养老的需求。"三社联动"模式强调社区、社会工作者和社会组织的协同合作，通过政策支持、企业投资和社会组织参与，共同推动居家社区养老服务的发展，优化服务供给，以满足老年人多样化的需求。

3. 国家、地方政策支持力度加大

为应对人口老龄化，国家近年来出台了一系列政策文件，为养老产业的发展提供了强有力的支持。

2019年11月，中共中央、国务院印发《国家积极应对人口老龄化中长期规划》，明确了积极应对老龄化的战略目标和重点任务。

2021年5月公布的第七次全国人口普查数据显示，我国60岁以上老年群体占总人口比例已突破18%大关，这一数据变化充分反映出我国老龄化进程正在加速推进，同时也对养老服务体系建设和完善提出了更为迫切的要求。

2021年10月，工业和信息化部、民政部、国家卫生健康委联合发布《智慧健康养老产业发展行动计划（2021—2025年）》，推动智慧养老技术的应用与发展。

2021年11月，《中共中央 国务院关于加强新时代老龄工作的意见》提出到2025年年底前，每个县（市、区、旗）至少建设1所具备医养结合功能的县级特困人员供养服务机构。

2022年2月，国务院印发《"十四五"国家老龄事业发展和养老服务体系规划》，进一步明确了完善老年健康支撑体系的具体要求，为老龄健康产业发展提供政策保障。

2025年1月，上海市民政局印发《上海市养老机构品质提升三年行动方案（2025—2027年）》，重点围绕老年人入住养老机构密切相关的"医、护、食、住、心、安"六件事，在全市范围开展养老机构品质提升"八项行动"。

这些政策的出台，不仅为养老项目建设提供了方向性指导，也为养老产业的可持续发展奠定了坚实基础。

1.1.3　政策与技术发展对智慧养老的推动

1. 政策对智慧养老服务的支持

中央和地方政府出台了一系列政策，大力支持智慧养老服务的发展。例如，《中共中央 国务院关于加强新时代老龄工作的意见》强调创新居家社区养老服务模式，推动智慧养老服务的创新与发展。地方政府也积极响应，纷纷出台相关政策文件，大力推进智慧养老服务的实践探索。

2. 新兴技术带来的机遇

物联网、移动互联网、大数据等新兴技术的发展为智慧养老服务提供了新机遇。智能穿戴设备、家庭健康管理设备等物联网技术的广泛应用，能够实时监测老年人的健康状况，提升医疗护理效果。移动互联网和大数据技术则为老年人提供了便捷的信息传递渠道和个性化服务方案。

1.2　适老化养老建筑发展现状

当前，我国养老场所严重不足，适老化养老建筑更是稀缺。据统计，我国养老床位缺口超过 400 万张，且现有养老机构中，真正符合适老化标准的建筑不足 20%。这种供需失衡的现状，凸显了适老化养老建筑建设的紧迫性。

适老化养老建筑建设面临诸多难点。首先是设计标准不统一，现有规范难以满足老年人多样化的需求；其次是建设成本高，适老化改造需要投入大量资金；最后是专业人才匮乏，既懂建筑又懂养老的复合型人才稀缺。这些因素严重制约了适老化养老项目的发展。

推进适老化养老项目建设对解决养老问题具有重要意义。科学的适老化设计能够有效提升老年人的生活质量，降低护理成本；合理的空间布局有助于预防意外事故，保障老年人的安全；完善的配套设施可以满足老年人医疗、康复、社交等多元化需求。这些都将有效缓解家庭和社会的养老压力。

加快适老化养老项目建设刻不容缓。政府应加大政策支持力度，完善相关标准体系；企业应创新建设模式，降低建设成本；社会各界应加强人才培养，提升专业水平。只有多方共同努力，才能为老年人创造安全、舒适、有尊严的养老环境。杭州某养老项目交付后实景如图 1.1 所示。

1.3　全过程咨询在养老项目中的应用

为提升企业在养老项目领域的咨询服务能力，需从全过程咨询的角度出发，开展适老化项目的需求分析，形成全过程咨询服务管理指导方法，明确设计管理的关键管控点，制定适老化设施专项技术管控方法及验收标准。

图 1.1 杭州某养老项目交付后实景

1.3.1 全过程咨询服务的必要性

全过程咨询服务在养老项目中扮演着至关重要的角色。从项目策划、设计、施工到运营,每一个环节都需要专业的咨询团队进行指导和监督。通过全过程咨询服务,可以有效整合各方资源,优化项目流程,确保项目的高效推进和高质量完成。例如,在项目策划阶段,咨询团队可以通过市场调研和需求分析,制订科学合理的项目规划;在设计阶段,咨询团队可以提供专业的设计建议,确保设计方案符合适老化需求;在施工阶段,咨询团队可以监督施工质量,确保施工过程符合设计要求和安全标准;在运营阶段,咨询团队可以提供运营策划和管理建议,确保项目的长期可持续发展。

1.3.2 适老化设计的关键指标与技术

适老化设计理念相较于传统的老年设计,具有更广泛的适用人群覆盖范围和更长周期的适用时效性。在各类公共空间(如商业综合体、医疗机构、教育场所等)的规划设计中,应当系统性地融入适老化理念。这种设计策略需要基于老年群体的生理特征和行为模式,通过设置无障碍通道、配备紧急呼叫装置等具体措施,为当下及未来的老年使用者创造安全便利的环境。这种人性化的设计导向不仅能提升建筑的空间包容性,更能增强其全龄友好的使用价值。

在适老化设计方面,通过深入分析老年人的生理和心理需求,确定了适老化设计的关键指标和技术。这些指标不仅涵盖了建筑的无障碍设计、安全防护、舒适性提升等方面,还借助正向设计和建筑信息模型(Building Information Modeling, BIM)技术的应用,确保了设计方案的科学性和实用性。适老化族库的准备和交付标准的梳理,进一步提升了设计的精细化和标准化水平,为项目的顺利实施奠定了坚实基础。

1. 无障碍设计

无障碍设计是适老化设计的核心内容之一。通过合理的空间布局和设施配置,确保老年人在建筑内的活动畅通无阻。例如,设置无障碍通道、电梯、坡道等设施,方便老年人出行;在卫生间、浴室等关键区域,安装扶手、铺设防滑地板等安全设施,保障老年人的安全。

2. 安全防护

安全防护是适老化设计的重要保障。通过安装智能监控系统、烟雾探测器、煤气泄漏报警器等设备，实时监控建筑内的安全状况，确保老年人在紧急情况下能够及时获得救助。例如，当检测到火灾或煤气泄漏时，系统会自动发出警报，并通知相关人员进行处理，从而有效预防安全事故的发生。

3. 舒适性提升

舒适性提升是适老化设计的重要目标。通过合理的采光、通风、温控设计，营造舒适宜人的建筑环境。例如，采用自然采光和通风设计，减少对人工照明和空调的依赖，提高建筑的节能性和舒适性；在室内装修中，选用环保材料并搭配柔和色调，营造温馨舒适的居住环境。

1.3.3 适老化项目建设过程管控

在建造过程中，适老化功能的实现离不开严格的管控措施。通过分析关键部位、关键阶段和关键技术，制定了详细的施工计划和质量控制标准，确保每一个环节都符合适老化设计的要求。无论是无障碍设施的安装，还是防滑地板和扶手的质量控制，都力求做到精益求精，让老年人在日常生活中能够切实感受到设计的贴心与关怀。

1. 关键部位管控

关键部位管控是适老化项目建设过程管控的重要内容。通过对建筑关键部位的严格管控，确保其符合适老化设计要求。例如，在楼梯、走廊、卫生间等关键部位，设置扶手、防滑地板等安全设施，保障老年人的安全；在厨房、浴室等关键区域采用防水、防滑材料，确保老年人的使用安全。

2. 关键阶段管控

关键阶段管控是适老化项目建设过程管控的重要环节。通过对施工关键阶段的严格管控，确保施工质量符合设计要求。例如，在基础施工阶段，严格控制地基处理和基础施工质量，确保建筑的稳定性和安全性；在主体施工阶段，严格控制结构施工质量，确保建筑的结构安全和耐久性。

3. 关键技术管控

关键技术管控是适老化过程管控的重要手段。通过对关键技术的严格管控，确保施工技术符合设计要求。例如，在无障碍设施安装中，采用先进的安装技术，确保设施的稳固性和安全性；在防滑地板和扶手安装中，采用高质量的施工技术，确保设施的使用效果和耐久性。上海市崇明区某养老建筑室内实景如图1.2所示。

1.4 智慧养老技术应用现状

随着全球老龄化问题的加剧，智慧养老技术的应用正逐渐成为解决养老问题的重要途径。目前，智慧养老技术正处于快速发展阶段，各类创新产品和服务不断涌现。智能穿戴设备、远程医疗系统、智能家居等产品已经进入部分养老机构和家庭，为老年人提供健

图 1.2　上海市崇明区某养老建筑室内实景

康监测、紧急救助、生活辅助等服务。据统计，2023 年我国智慧养老市场规模已达 6 万亿元，年增长率保持在 20%以上。这一数据表明，智慧养老市场潜力巨大，未来有望成为养老产业的重要组成部分。

1.4.1　智能穿戴设备的应用

智能穿戴设备是智慧养老技术中的重要一环。这类智能监测装置能够持续追踪老年使用者的多项生理参数（包括心率、动脉压及血氧饱和度等关键指标），并借助物联网技术将采集到的健康数据同步至云平台，实现医护人员和亲属的远程实时监护。例如，智能手环和智能手表不仅可以监测健康数据，还可以提供定位功能，帮助家属随时掌握老年人的位置，防止其走失。此外，一些高端智能穿戴设备还具备跌倒检测功能，当老年人意外跌倒时，设备会自动发送警报，通知家属或急救中心。

1.4.2　远程医疗系统的普及

远程医疗系统是智慧养老技术中的另一重要组成部分。通过远程医疗系统，老年人可以在家中进行常规的健康检查，如血压、血糖、心电图等，数据会实时传输到医疗机构，医生可以通过视频通话进行远程诊断并提供治疗建议。这种方式不仅减少了老年人频繁往返医院的麻烦，还能在紧急情况下提供及时的医疗救助。特别是在疫情防控期间，远程医疗系统的应用得到了进一步推广，成为保障老年人健康的重要手段。杭州某养老项目疗养设施如图 1.3 所示。

1.4.3　智能家居的便利性

智能家居技术也在智慧养老中发挥着重要作用。通过智能家居系统，老年人可以轻松控制家中的照明、空调、电视等设备，甚至可以通过语音助手进行操作。例如，智能灯光系统可以根据老年人的作息时间自动调节亮度和色温，营造舒适的居住环境；智能安防系统则可通过摄像头和传感器实时监控家中安全状况，一旦发现异常立即发出警报并通知家属或物业。

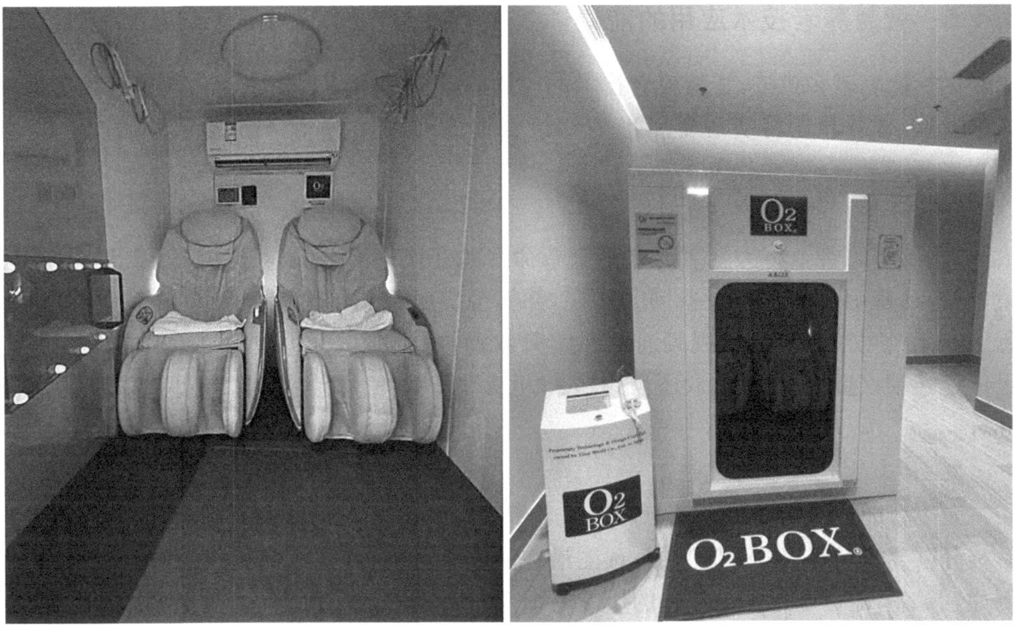

图 1.3 杭州某养老项目疗养设施

1.4.4 智慧养老技术应用面临的挑战

尽管智慧养老技术的应用前景广阔,但在实际推广过程中仍面临多重挑战。

1. 产品适老化程度不足

许多智慧养老产品的适老化程度不足,操作复杂,不符合老年人的使用习惯。老年人普遍对新技术的接受度较低,复杂的操作界面和烦琐的设置步骤往往让他们望而却步。例如,一些智能穿戴设备的功能过于复杂,老年人难以掌握,导致设备使用率不高。此外,部分产品的设计没有考虑到老年人的生理特点,如字体过小、按钮过密等,进一步增加了使用难度。

2. 数据孤岛现象严重

数据孤岛现象严重,各系统之间缺乏有效整合。目前,市场上的智慧养老产品多由不同厂商开发,数据格式和接口标准不统一,导致各系统之间无法实现数据共享和互联互通。例如,智能穿戴设备采集的健康数据无法直接传输到远程医疗系统,医生需要手动输入数据,增加了工作负担。这种数据孤岛现象不仅影响了智慧养老技术的整体效果,还限制了其进一步发展和应用。

3. 服务模式单一

智慧养老服务模式较为单一,难以满足老年人多样化的需求。目前,大多数智慧养老产品和服务主要集中在健康监测和紧急救助方面,而在心理关爱、社交娱乐等方面的应用相对较少。老年人不仅需要身体上的照顾,还需要精神上的关怀和社交活动的支持。然而,现有的智慧养老技术在这方面的发展还比较滞后,无法全面满足老年人的需求。

1.4.5 智慧养老技术应用的前景

尽管面临诸多挑战，智慧养老技术的应用前景依然广阔。随着5G、人工智能等新技术的发展，智慧养老将实现更精准的健康管理、更便捷的生活服务以及更高效的资源配置。

1. 5G技术的应用

5G技术的普及将为智慧养老带来革命性的变化。5G网络具有高速、低延迟、大容量的特点，能够支持更多设备同时连接，并实现实时数据传输。例如，通过5G网络，远程医疗系统可以实现高清视频通话和实时数据传输，助力医生更精准地诊断病情并提供治疗建议。此外，5G技术还可以支持更多的智能家居设备，打造更智能化的家居环境。

2. 人工智能技术的发展

人工智能技术的发展也将为智慧养老带来新的机遇。通过人工智能算法，智慧养老系统可以分析老年人的健康数据，预测潜在的健康风险，并提供个性化的健康管理方案。例如，人工智能可以根据老年人的生活习惯和健康数据，推荐适合的饮食和运动方案，帮助老年人保持健康。此外，人工智能还可应用于智能家居系统，通过学习老年人的行为习惯，自动调节家居设备，营造更舒适的生活环境。

3. 推动智慧养老技术应用的多方协同

充分发挥智慧养老技术的潜力，需要政府、企业、服务机构等多方协同合作。

1）政府的顶层设计

政府应加强顶层设计，完善标准体系。通过制定统一的智慧养老产品标准和技术规范，促进各系统之间的互联互通，打破数据孤岛现象。此外，政府还应加大对智慧养老技术的政策支持与资金投入，推动技术的研发和应用。

2）企业的研发投入

企业应加大研发投入，提升产品适老化水平。通过深入调研老年人的需求和使用习惯，开发出更贴合其习惯的智慧养老产品。例如，简化操作界面、增大字体和按钮、提供语音操作功能等，降低老年人使用智慧养老产品的门槛。此外，企业还应加强与其他厂商的合作，推动数据共享和系统整合，提升智慧养老技术的整体效能。

3）服务机构的创新模式

服务机构应创新服务模式，提升技术应用效果。通过引入更多的智慧养老产品和服务，满足老年人多样化的需求。例如，在健康监测和紧急救助的基础上，增加心理关爱、社交娱乐等服务，提升老年人的生活质量。此外，服务机构还应加强对老年人的使用培训，帮助他们更好地掌握智慧养老产品，提高技术应用效果。

1.4.6 上海市智慧养老院建设的探索

根据《上海市养老机构品质提升三年行动方案（2025—2027年）》要求，上海市将加快智慧养老院建设。通过制订智慧养老院分级建设方案和配置标准，在入住管理、餐饮管理、健康管理、专业照护、安全防护等管理运营方面提升数字化、智慧化水平，拓宽智能技术和科技产品在养老机构中的场景应用，特别是面向住养老年人提供照料护理、康复保健、心理关爱、社交娱乐等方面的应用，探索建立面向全市智慧养老院的科技产品统一接口标准。到 2027 年，依托上海市基本养老服务综合平台，实现全市养老机构基本智慧功能全覆盖，打造 100 家示范型智慧养老院。

1. 智慧养老院的建设方案

智慧养老院的建设方案将涵盖多个方面。第一，在入住管理方面，通过智能化的入住登记系统，实现老年人信息的快速录入和管理；第二，在餐饮管理方面，通过智能点餐系统和营养分析软件，为老年人提供个性化的饮食方案；第三，在健康管理方面，通过智能穿戴设备和远程医疗系统，实时监测老年人的健康状况，并提供个性化的健康管理方案；第四，在专业照护方面，通过智能护理机器人和远程护理系统，提供更高效的护理服务；第五，在安全防护方面，通过智能安防系统和紧急救助系统，保障老年人的安全。

2. 智慧养老院的示范效应

通过打造 100 家示范型智慧养老院，上海市将为全国智慧养老技术的应用提供示范和借鉴。这些示范型智慧养老院将采用最先进的智慧养老技术和产品，提供全方位的养老服务，满足老年人多样化的需求。同时，这些智慧养老院还将探索建立统一的科技产品接口标准，推动智慧养老技术的标准化和规范化发展。

智慧养老技术的应用正处于快速发展阶段，尽管面临诸多挑战，但其前景依然广阔。通过政府、企业、服务机构等多方协同合作，智慧养老技术将实现更精准的健康管理、更便捷的生活服务、更高效的资源配置，为老年人创造更美好的晚年生活。上海市智慧养老院建设的探索，将为全国智慧养老技术的应用提供宝贵的经验和借鉴，推动智慧养老技术的进一步发展和应用。

第2章　养老项目全过程咨询服务需求及服务策划

2.1　养老项目发展趋势概述

养老项目建设是应对人口老龄化的重要举措，其发展趋势呈现出多维度、深层次的变革。在服务模式和技术创新方面，养老项目正朝着多元化、专业化和智能化的方向发展。本章将从规模、服务模式、智能化应用、建筑设计理念等维度，分析养老项目的发展趋势，旨在为服务策划提供前瞻性思考，确保养老项目具备更强的适应性和可持续性。

2.1.1　规模扩大与多元化

1. 养老项目市场规模持续扩大

人口结构老龄化的持续演进催生了日益旺盛的养老服务需求，直接推动了养老产业的蓬勃发展，行业体量呈现持续扩张态势。据《中国老龄产业发展报告》预测，到2025年，中国老龄人口的消费潜力将增至106万亿元左右，占GDP的比例将增至33%，成为全球老龄产业市场潜力最大的国家。这一数据表明，养老产业市场规模在未来几十年将持续保持扩张态势。

为满足日益增长的养老服务需求，大型养老社区和综合性养老机构不断涌现。这些项目通常配备更完善的设施和多样化的服务功能，能够为更多老年人提供高质量的养老服务。

2. 服务内容多元化与专业化

随着养老服务需求的持续增长，老年人的需求日益多样化，养老项目已从传统单一的养老院模式，发展为多种服务模式并存的格局，主要包括：

(1) 居家养老：为老年人提供上门服务，满足其在家中养老的需求。

(2) 社区养老：依托社区资源，提供便捷的养老服务，增强老年人的归属感。

(3) 机构养老：通过专业养老机构为老年人提供集中照护服务。

同时，养老项目在服务内容上正朝着更加专业化的方向发展，不仅关注老年人的基本生活保障和健康服务，还注重满足其精神文化、社交及个性化需求。具体表现为：

(1) 文化娱乐：增加文化娱乐设施和活动项目，丰富老年人的精神生活。

(2) 专业服务：提供心理咨询、法律咨询、金融理财等专业化服务，帮助老年人解决实际问题。

(3) 个性化护理：根据老年人的健康状况和需求，制订个性化的康复训练和护理方案，提升服务质量。

通过构建系统化、专业化的服务体系，现代养老项目可为老年人提供涵盖生活照料、医疗护理、精神慰藉等多维度的综合服务方案。这种服务模式的创新不仅能够精准对接老年群体的差异化需求，更能显著提升其生活品质和幸福指数。

2.1.2　医养结合深度化

1. 医养结合模式不断创新

医养结合是养老项目发展的核心趋势之一，旨在通过整合医疗资源与养老服务，满足老年人日益增长的健康与照护需求。未来，养老项目将更加注重医疗服务与养老服务的深度融合，创新合作模式，具体表现为以下两种主要形式：

(1) 医养一体化养老社区。通过整合医疗资源和养老资源，打造集居住、医疗、康复、护理于一体的综合性养老社区。这种模式能够为老年人提供便捷、高效的医养结合服务，实现“小病不出社区，大病直通医院”的目标，显著提升老年人的生活质量。

(2) 医疗机构内设养老机构。在综合医院、康复医院或社区卫生服务中心内设立养老服务机构，实现医疗服务与养老服务的无缝对接。这种模式特别适合需要长期医疗照护的老年人，能够确保他们在养老过程中获得及时、专业的医疗服务。养老社区可为老年人提供医养一体化的服务，如图 2.1 所示。

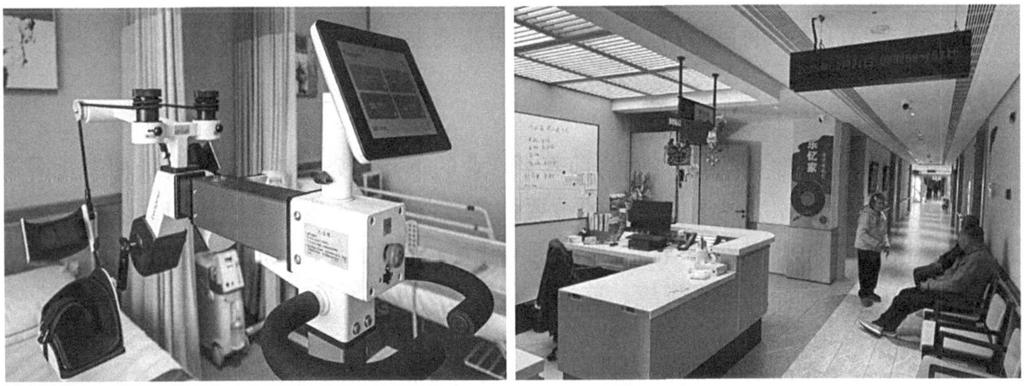

图 2.1　提供医养一体化服务的养老社区

2. 专业医疗护理服务提升

随着医养结合模式的深入推进，老年人对专业化、高质量的医疗护理服务需求日益增加。为满足这一需求，养老项目需要在以下两方面重点发力：

(1) 加强医护人员队伍建设。医护人员是医养结合服务的核心力量。养老项目需要引进更多专业医疗人才和护理人员，同时通过定期培训和继续教育，提升现有医护人员的专业技能和服务水平。此外，还应注重培养复合型人才，使其既具备扎实的医疗知识，又熟悉养老服务的特点，从而为老年人提供更加全面、贴心的服务。

(2) 完善医疗护理设施设备。先进的医疗设施和设备是提升医疗护理服务质量的重要保障。养老项目应配备现代化的医疗仪器，如智能健康监测设备、康复治疗仪器等，以提高疾病诊断的准确性和治疗的有效性。同时，还需优化医疗护理环境，打造舒适、安全的医疗护理空间，为老年人提供更加优质、全面的医疗护理服务。

3. 优化养老机构内设医疗机构“以奖代补”标准

根据《上海市养老机构品质提升三年行动方案(2025—2027年)》要求,全力推动一定规模(100张及以上床位)的养老机构“内设医疗机构”应设尽设(与医疗机构临近的除外),推动社区卫生服务中心依法合规在养老机构内部或毗邻设立社区卫生服务站点、家庭医生工作室。做多做优养老机构与医疗机构签约服务。建立养老、医疗床位转介联动工作机制。鼓励急救中心结合规划需求依法合规在养老机构内部或毗邻设立急救站点。推动医护专业人员到养老机构带教实训,推动医学、护理等专业大专院校将养老机构纳入学生实习、实践基地名单,支持养老机构通过举办校招、社招引入专业医护人员。深化“养老院+互联网医院”服务,丰富养老机构内的互联网医院服务场景;依托上海市基本养老服务综合平台,探索建立养老机构住养老年人电子健康档案。到2027年,全市打造100家具备较强医养结合功能的示范性养老机构,在100家养老机构中开展“医护进机构”实训带教,实现有内设医疗机构的养老机构开展医疗服务专项培训全覆盖、有条件的机构开展“养老院+互联网医院”全覆盖。

4. 医养结合深度化的意义

医养结合的深度化不仅能满足老年人多样化的健康需求,还能有效缓解医疗资源紧张的状况,推动养老产业向专业化、精细化方向发展。通过创新医养结合模式、提升专业医疗护理服务水平,养老项目将为老年人提供更加高效、便捷、人性化的服务,助力实现“老有所养、老有所医”的目标,为养老产业的可持续发展注入新的活力。

2.1.3 文化与养老融合发展

文化与养老的融合发展已成为当前养老产业的重要趋势。随着老年人精神文化需求的日益增长,文化元素在养老服务中的重要性愈发凸显。各地养老机构和社区积极探索文化养老模式,通过开展书画、音乐、舞蹈等文化活动,丰富老年人的精神生活。

然而,文化养老面临诸多挑战。首先是文化服务供给不足,许多养老机构缺乏专业文化人才和活动场地;其次是文化内容单一,难以满足老年人多样化的需求;最后是区域发展不平衡,城乡差距明显。这些问题制约了文化养老的进一步发展。

尽管如此,文化与养老的融合发展前景广阔。随着数字技术的普及,线上文化活动为老年人提供了更多参与机会;文旅融合项目的兴起,为老年人创造了更丰富的文化体验;代际文化互动活动的开展,促进了老年人与年轻一代的文化交流。

推动文化与养老融合发展需要多方协同。政府应加大政策支持力度,完善文化养老服务体系;养老机构应创新服务模式,提升文化服务质量;社会各界应积极参与,营造尊老敬老的文化氛围。只有形成合力,才能充分发挥文化在养老服务中的作用,为老年人创造更加美好的晚年生活。

2.1.4 教育与养老融合发展

教育与养老的融合发展正成为养老产业的重要趋势。随着老年人学习需求的日益增长,教育元素在养老服务中的重要性愈发凸显。各地养老机构和社区积极探索老年教育模式,通过开设老年大学、兴趣班、健康讲座等形式,满足老年人的学习需求。

教育养老面临诸多挑战。首先是教育资源供给不足，许多养老机构缺乏专业教育人才和教学场地；其次是教育内容单一，难以满足老年人多样化的需求；最后是区域发展不平衡，城乡差距明显。这些问题制约了教育养老的进一步发展。如图 2.2 所示是老年人参加集体文化教育活动。

图 2.2　老年人参加集体文化教育活动

教育与养老的融合发展前景广阔。随着在线教育的普及，老年人可以通过网络平台学习各类课程；代际学习项目的兴起，促进了老年人与年轻一代的知识交流；终身学习理念的推广，为老年人提供了更多学习机会。推动教育与养老融合发展需要多方协同。政府应加大政策支持力度，完善老年教育服务体系；养老机构应创新服务模式，提升教育服务质量；社会各界应积极参与，营造终身学习的文化氛围。只有形成合力，才能充分发挥教育在养老服务中的作用，为老年人创造更加充实的晚年生活。

2.1.5　全过程咨询在养老项目中的应用

1. 全过程咨询的概念与特点

全过程咨询（$1+N$）是为工程建设项目全生命周期提供组织、管理、经济和技术等综合性服务的模式，涵盖投资咨询、勘察、设计、造价咨询、招标代理、监理、运营维护等多个领域。其核心特点是通过整合资源实现全方位一体化管理，从而提高项目效率、降低成本并提升品质。在养老项目中，全过程咨询的应用尤为重要，因为养老项目涉及医疗、护理、康复、居住、娱乐等多个细分专业，专项众多且设计管理要求高，需要高度专业化的整合与协调。

2. 养老项目的特殊性与挑战

养老项目具有高度的复杂性和专业性，主要体现在以下几个方面：

(1) 细分专业多元。养老项目不仅涉及建筑设计与施工，还涵盖医疗设施、康复设备、无障碍设计、智能化系统等多个专业领域，各专业之间需要紧密协作。

(2) 专项要求严苛。养老项目对适老化设计、医疗护理设施、消防安全、环境舒适度等方面有特殊要求，设计与管理难度较大。

(3) 设计管理复杂。养老项目的设计需要充分考虑老年人的生理和心理特点，同时满足医疗、护理、康复等功能需求，对设计管理的综合性要求极高。

这些特殊性使得传统分段式管理模式难以满足养老项目的需求，而全过程咨询则能够通过整合各专业服务，提供一体化的解决方案。

3. 全过程咨询在养老项目中的应用价值

全过程咨询在养老项目中的应用，能够有效解决上述挑战，具体体现在以下几个方面：

(1) 专业整合与协同管理。养老项目涉及多个细分专业，传统分段式管理模式容易导致专业之间的脱节与协调障碍。全过程咨询通过整合各专业服务，实现设计与施工的一体化管理，确保各专业间无缝衔接。例如，医疗设施设计与建筑布局的协调、智能化系统与适老化设计的结合等，都可以通过全过程咨询实现高效整合。

(2) 设计与施工一体化。养老项目的设计管理要求高，传统的设计与施工分离模式容易导致设计意图在施工过程中无法完全落实。全过程咨询通过设计与施工的一体化管理，确保设计意图在施工过程中得到充分体现，同时能够根据施工实际情况及时调整设计方案，避免设计与施工脱节。

(3) 成本控制与投资效益提升。养老项目的建设成本较高，且涉及多个专项投资。全过程咨询通过整合各阶段的服务内容，实现成本的有效控制。例如，在设计阶段通过优化设计方案降低施工成本，在施工阶段通过精细化管理减少浪费，从而提升项目的投资效益。

(4) 进度管理与效率提升。养老项目的建设周期较长，且涉及多个专项工程的协调。全过程咨询通过制订总进度控制计划，并动态调整各阶段进度目标，确保项目按时完成。同时，通过整合各专业服务，减少协调环节，提高建设效率。

(5) 品质提升与满意度提高。养老项目的品质直接关系老年人的生活质量。全过程咨询通过精细化管理，确保项目的设计、施工和运营各环节都达到高标准。例如，通过适老化设计提升居住舒适度，通过智能化系统提高服务效率，通过医疗设施的优化提升健康保障水平，从而提升项目的整体品质和利益相关方的满意度。

4. 全过程咨询推动养老产业的规范化与专业化

全过程咨询的应用不仅提升了养老项目的建设和管理水平，还推动了养老产业向规范化、专业化方向发展。通过整合各专业服务，全过程咨询为养老项目提供了标准化、系统化的管理模式，有助于提高行业的整体水平。同时，全过程咨询还能根据养老项目的特殊需求，提供个性化的解决方案，推动养老产业创新发展。

随着我国老龄化程度的不断加深，养老项目的需求将持续增长。全过程咨询作为一种高效、专业的管理模式，将在养老项目中发挥越来越重要的作用。未来，全过程咨询将进一步深化在养老项目中的应用，推动养老产业向高质量、高标准方向发展，为老年人创造更加安全、舒适、有尊严的养老环境。

全过程咨询在养老项目中的应用，不仅解决了养老项目专业多、专项多、设计管理要求高等难题，还通过专业整合、设计与施工一体化、成本控制、进度管理和品质提升等措施，显著提高了养老项目的建设和管理水平。全过程咨询的推广和应用，将为养老产业的规范化、专业化和可持续发展提供有力支持。

2.2 养老项目全过程咨询服务需求

养老项目的特点决定了全过程咨询服务的需求。在为养老项目提供咨询服务时，需要充分考虑项目的投资性质、规模、营利模式、类型及功能差异等特点，制订针对性的咨询方案，为项目的成功实施和运营提供有力支持。同时，随着养老项目的不断发展和创新，全过程咨询服务也需要持续更新和完善，以适应市场的需求和变化。

2.2.1　养老项目的特点及类型

1. 投资性质

养老项目的投资性质多样，涵盖政府投资、社会资本投资、混合投资等多种形式。不同投资性质的养老项目在建设和运营过程中呈现出不同的特点和需求。

1）政府投资项目

政府投资的养老项目通常具有较强的公益性，主要为老年人提供基本的养老服务。全过程咨询服务需要重点关注以下几方面。

（1）规划布局：确保项目符合区域养老需求，设施设备满足老年人的特殊需求，如无障碍设计、安全防护等。

（2）建设质量与进度：确保项目按时按质完成，满足政府对民生工程的要求。

（3）政策解读与合规性：协助政府部门制定建设标准和服务规范，提供政策解读和合规性咨询。

（4）运营绩效评估：在运营阶段提供绩效评估并提出改进建议，提高项目的运营效率和服务质量。

2）社会资本投资项目

社会资本投资的项目更注重经济效益，追求投资回报率和市场竞争力。全过程咨询服务需要重点关注以下几方面。

（1）可行性分析与风险评估：帮助投资者进行项目可行性分析和风险评估，制订合理的投资策略和商业模式。

（2）成本控制与效率提升：在建设过程中控制成本、提高建设效率，确保项目按时交付使用。

（3）市场推广与客户服务：在运营阶段协助投资者进行市场推广和客户服务，提高项目的入住率和盈利能力。

3）混合投资项目

混合投资项目需要在公益性和经济效益之间寻求平衡。全过程咨询服务应结合政府投资和社会资本投资的特点，提供综合性的解决方案。

2. 项目规模

养老项目的规模大小不一，从小型的社区养老服务中心到大型的养老社区，规模决定了项目的服务内容和管理模式。

1）小型社区养老服务中心

（1）设施设备：设施相对简单，主要提供日间照料、康复护理等基本服务。

（2）成本控制：在项目建设过程中注重成本控制和风险防范，优化空间利用和功能布局。

（3）服务质量：确保项目在有限的预算内完成，提供温馨舒适的居住环境。

2）大型养老社区

（1）设施设备：配备完善的医疗中心、康复中心、娱乐中心等，提供全方位的养老服务。

(2) 整体规划：注重项目的整体规划和协调管理，确保各个环节的顺利衔接和高效运作。

(3) 可持续发展：提供长期的运营管理咨询服务，确保项目的可持续发展和长期效益。

3. 营利模式

养老项目的营利模式主要包括非营利性和营利性两种，不同模式在运营管理、服务定位和市场策略等方面存在差异。

(1) 非营利性养老项目：强调公益性与可持续性，重点关注资金筹集和资源整合，确保项目的正常运营。同时，注重服务质量提升，提供多样化的服务项目，满足老年人的基本需求和精神需求。

(2) 营利性养老项目：注重市场竞争力，通过市场调研和需求分析，确定项目定位和目标客户群体。同时，致力于盈利能力提升，提供创新的商业模式设计，加强成本控制和质量监督，提高项目的入住率和客户满意度。

4. 养老项目类型及功能差异

养老项目可分为颐养型、乐养型、康养型等不同类型，不同类型的项目在功能上存在差异，需要根据项目定位和目标客户群体的需求进行规划和设计。

1) 颐养型项目

(1) 服务内容：以生活照料和精神慰藉为主，注重提升老年人的生活品质和幸福感。

(2) 设施设备：配备无障碍通道、紧急呼叫系统等，确保设施的安全性和舒适性。

2) 乐养型项目

(1) 服务内容：以文化娱乐和社交活动为主，提供丰富的文化娱乐设施和活动。

(2) 设施设备：设置多功能活动厅、图书馆、健身房等，满足老年人的兴趣爱好和社交需求。

3) 康养型项目

(1) 服务内容：以健康管理和康复护理为主，结合医疗资源提供专业的医疗护理和康复服务。

(2) 设施设备：配备医务室、康复中心等，确保医疗设施的完善和先进性。

2.2.2 养老项目多方服务需求

在养老项目中，利益相关者众多，包括投资方、建设方、运营方、使用方(老年人)和政府部门等。全过程咨询服务需要充分考虑这些需求，以提供全面、专业、高效的咨询服务。

(1) 投资方需求：提供项目可行性分析、投资估算、成本控制等服务，评估项目的盈利能力和风险。为投资方提供长期的运营和发展建议，确保项目的可持续发展。

(2) 建设方需求：协助建设方开展进度、质量、成本控制，确保项目按时按质完成。提供建筑设计、施工技术、设备选型等方面的专业咨询，优化项目设计和施工效率。

(3) 运营方需求：提供运营管理方案制订、人员培训等服务，确保项目的高效运营和服务质量。

(4) 使用方需求：制定服务标准，科学选型设施设备，切实保障老年人的生活质量和安全性。

（5）政府部门需求：提供政策法规咨询、项目审批等服务，确保项目符合政府要求。

（6）智慧养老需求：提供安全监控系统、健康管理系统等智能化解决方案，满足智慧养老需求。

2.3　养老项目全过程咨询管理措施及方法

养老项目全过程咨询服务应根据项目特点和建设方需求，从服务模式选择到服务团队组建，进行全方位策划和统筹，以确保服务质量。全过程咨询服务应涵盖项目决策阶段、实施阶段至后续服务期（质量保修期）的全过程、全方位管理，采用“1＋N”服务模式，其中“1”代表全过程工程项目管理，“N”代表专业咨询，包括招标代理、工程监理和其他专项咨询。该服务体系包含项目全周期的各项管理模块，主要涉及前期规划与行政审批、设计优化与方案评审、招投标与合约管控、施工进度与质量监督、成本预算与资金监管、施工工艺与技术指导、工程资料与信息化建设、建筑信息模型（BIM）应用、现场施工组织协调、竣工验收与资产交接、工程监理与质量评估等全方位管理内容。

2.3.1　咨询服务模式

1. 服务模式的类型与特点

1）委托主体

养老项目全过程咨询服务的委托主体多样，主要包括以下几类：

（1）政府部门。政府主导投资的养老项目，如公办养老机构、社区养老服务设施等，通常由政府部门作为委托主体。政府承担保障社会养老服务供给的责任，尤其为经济困难、失能半失能等特殊老年群体提供基本养老服务。

（2）房地产开发企业。房地产企业涉足养老地产领域，开发纯养老社区或综合社区中的养老组团时，需要专业工程咨询服务以确保项目符合市场需求并实现经济效益。

（3）养老服务机构。专业养老服务机构（如养老运营管理公司）在新建、扩建或改造养老设施时，因缺乏工程建设专业知识，需委托全过程咨询服务。

（4）企业或单位（员工福利）。部分大型企业或单位为解决员工养老问题，建设内部养老设施时，委托全过程咨询服务以确保项目高质量满足员工需求。

2）组织方式

（1）完整全过程。该组织方式是为工程建设全流程各关键环节提供专业化咨询支持，具体包括前期决策论证、招标代理服务、地质勘察与方案设计指导、工程造价审核、施工过程监理、项目整体协调管理、完工质量验收评估以及后期运营维护保障等系统性服务内容。

（2）相对全过程。该组织方式是为工程项目提供分阶段专业化咨询解决方案，或针对特定专业领域实施多阶段（包含两个及以上关键环节）的持续性咨询服务。

3）服务模式

（1）一体化服务模式。由一家具备综合能力的工程咨询企业实施，将依法需要资质但不具备的服务分包给具备相应资质的企业。

(2) 联合体式服务模式。由多家具有不同专业特长的工程咨询企业组成联合体实施,明确牵头单位及成员单位的责任和义务。

(3) 建筑师主导责任制。由持证执业建筑师领衔的专业设计团队,按照合约规定,为住宅及公共建筑项目提供涵盖全流程或特定环节的持续性设计咨询与工程管理服务。

(4) 分段式服务模式。根据项目不同阶段,分别组建相应的服务团队(如前期策划团队、设计服务团队、工程监理团队等),每个团队负责对应阶段的具体工作。

2. 服务模式的选择

1) 对咨询单位的委托

根据《关于征求推进全过程工程咨询服务发展的指导意见(征求意见稿)和建设工程咨询服务合同示范文本(征求意见稿)意见的函》(建市监函〔2018〕9 号)、《关于推进全过程工程咨询服务发展的指导意见》(发改投资规〔2019〕515 号)等相关文件的要求,提出房屋建筑和市政基础设施领域发展全过程工程咨询服务。与上述政策同步,各试点省市均颁布了推动全过程工程咨询服务的相关政策要求。

部分试点省份要求如下:

四川省规定,对于依法必须招标的工程项目,仅需对勘察设计或工程监理任一项服务开展招标程序,其余相关咨询服务可由建设单位直接委托给同一家咨询机构承接。

湖南省规定,政府投资或国有投资试点项目应依法招标,社会投资试点项目可直接委托。

上海市规定,具有工程监理资质的单位可通过招标取得项目管理服务,经建设单位同意后可承接同一工程的监理工作。

2) 对咨询单位的要求

(1) 资质要求。

① 承接工程勘察、规划设计、施工监理或造价咨询等业务时,相关服务机构需持有与项目等级及服务范围相匹配的专业资质证书。

② 对于"$1+N$"模式,承担"1"(全过程咨询服务)的企业无特定资质要求,但承担需法定资质的任务时,必须具备相应资质。

(2) 服务能力要求。

① 专业技术能力:具备建筑、结构、给排水、电气等多专业工程技术人才,熟悉无障碍设计、适老化设施等专业知识。

② 项目管理能力:具备进度、质量和成本控制能力,确保施工质量和资金合理使用。

③ 医疗及护理知识整合能力:能够整合医疗设施规划和护理流线设计,确保养老设施与医疗护理服务无缝对接。

④ 运营管理咨询能力:熟悉养老项目运营管理模式,为后期运营提供合理建议。

⑤ 资信要求:全过程咨询单位应具有良好的信誉,资信评价将作为建设单位选择咨询单位的重要指标。

⑥ 业绩要求:具有类似养老项目经验,且项目规模与招标项目匹配。

⑦ 服务内容完整性:涵盖从前期可行性研究到后期运营管理的全过程服务业绩。

⑧ 项目质量与效益:提供竣工验收合格证明及效益评估良好的业绩证明。

(3) 对咨询人员的要求。

① 在投资决策综合性咨询阶段，充分发挥咨询工程师(投资)的专业作用。

② 在工程建设全周期咨询服务过程中，项目总负责人需同时满足以下资质要求：持有工程建设领域注册执业证书，具备工程或工程经济相关专业高级技术职称，并拥有同类项目实践经验。勘察、设计、监理及造价等专项业务的分管负责人，必须依法取得对应专业的执业资格证书。

③ 项目负责人及团队业绩要求：项目负责人需具备主持或参与养老项目全过程咨询服务的经验，团队成员应具有与养老项目相关的专业服务业绩。

3. 服务模式选择的实践建议

在实际选择养老项目全过程咨询服务模式时，需充分与建设单位沟通，了解其需求和期望，结合项目具体情况和特点，选择最适合的服务模式。

(1) 大型养老项目。此类项目通常涉及更多专业领域和复杂工艺流程，适合采用一体化服务模式或联合体式服务模式，以充分发挥综合管理能力和资源整合优势。

(2) 小型养老项目。此类项目相对简单，工作量较小，适合采用分段式服务模式，可根据实际需求灵活选择服务内容和团队，从而降低成本。通过科学选择服务模式，养老项目能够实现高效建设、优质运营，满足老年人的多元化需求，推动养老产业的健康发展。

2.3.2 服务团队组建及职责

1. 组织架构

1) 定位

实施全过程咨询模式的关键在于科学构建管理体系。咨询机构进驻项目后，需系统梳理业主既有项目管理模式的优劣，结合行业发展动态与地域特点，优化管理界面、厘清权责关系，建立“决策—执行”分级管控机制。其中，业主单位应聚焦顶层设计，重点履行战略决策职能；咨询机构则负责具体实施，形成高效协同的组织运作体系。

业主单位职能定位(金字塔顶层)：面向使用单位及行政主管部门，统筹项目整体需求；制定战略目标与管控标准；监督项目全周期实施进程；提供资源保障与技术支撑。核心职能可归纳为“战略决策、过程监督、资源保障、技术把关”四大维度。

全过程咨询机构职能定位：受托实施项目全流程组织管理；统筹专业咨询工作(含招标代理、工程监理等)；具体执行前期报批、设计优化、采购管理、施工监控等业务；协调勘察、设计、施工、供应商等参建单位，通过专业化服务实现项目建设目标。全过程咨询模式下“金字塔”管理定位模型如图2.3所示。

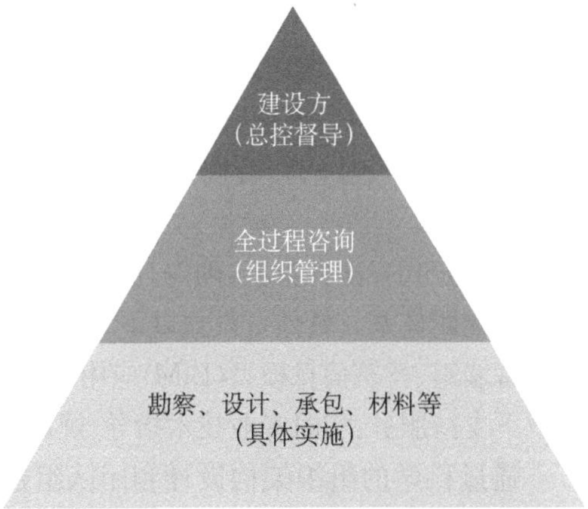

图2.3　全过程咨询模式下“金字塔”管理定位模型

2）团队组建原则

根据养老项目的规模、复杂程度及建设方的具体需求，组建涵盖建筑、结构、给排水、电气、暖通、造价、项目管理等多专业的综合性咨询服务团队。团队成员应具备丰富的养老项目相关经验和专业知识，确保能够提供全面、专业的服务。

(1) 团队选拔和配置方法。

明确岗位需求：根据养老社区的规模（预计容纳 1 000 位老人）和功能（自理型养老公寓、护理型养老公寓、医疗中心、休闲娱乐设施等），确定详细的岗位需求。例如，针对护理型养老公寓，需配备专业的适老化室内设计师和熟悉医疗护理流程的设施规划师。

多渠道招聘：核心成员从公司内部选拔，同时从外部招聘在养老设施智能化系统方面有专长的工程师，并通过行业推荐聘请运营管理顾问。

(2) 选拔标准与流程。

专业技能评估：要求应聘者提供过往项目案例并进行现场讲解。例如，建筑设计师需阐述养老建筑的设计理念及如何满足老年人的特殊需求。

工作经验考察：严格核实项目参与情况，例如通过联系之前项目的业主或合作伙伴验证造价咨询师的成本控制效果。

综合素质评价：采用小组面试和情景模拟的方式，观察应聘者的沟通协调和解决问题的能力。

团队配置优化：确定一位资深项目管理专家作为项目负责人，并根据项目阶段动态调整团队成员。例如，前期规划阶段增加市场调研和规划设计人员；施工阶段重点配置工程管理和质量监督人员；运营筹备阶段引入养老服务培训师和市场推广专家。

3）组织架构设计

以某养老项目全过程咨询服务为例，团队的组织架构设计应以实现项目的各项建设目标为导向，采用“指挥部＋职能部门”的工程咨询组织架构模式。

成立工程咨询项目指挥部，确保项目资源落实。领导班子搭建：配备由“1 名项目总负责人、1 名项目管理负责人、1 名设计管理负责人、1 名施工监理负责人、1 名全过程造价控制负责人”组成的工程咨询单位领导班子。管理机制：由建设单位负责人与项目总负责人共同组成项目管理决策层，4 个板块负责人负责实施项目管理工作。

专业配套齐全，确保项目科学管理。组建涵盖建筑、结构、给排水、电气、暖通、造价、项目管理等多专业的综合性咨询服务团队，要求团队成员具备丰富的养老项目相关经验和专业知识。

依托公司专家咨询组，确保有效技术支撑。建议整合工程咨询机构专业力量，构建项目技术智囊团体系。具体可设立以下专项技术小组：深基坑工程组、机电安装工程组、建筑装饰与幕墙组、建筑信息模型(BIM)应用组、适老化设计研究组等。各专家组将为工程项目提供以下支持服务：实时专业技术指导、疑难问题解决方案、全周期技术保障和最优决策建议。

通过科学的组织架构设计和团队组建，养老项目全过程咨询服务能够实现高效管理与优质服务，确保项目顺利推进并满足老年人的多元化需求。

基于对养老项目的特点与服务需求的分析，某养老项目全过程工程咨询项目指挥部组织架构如图 2.4 所示。

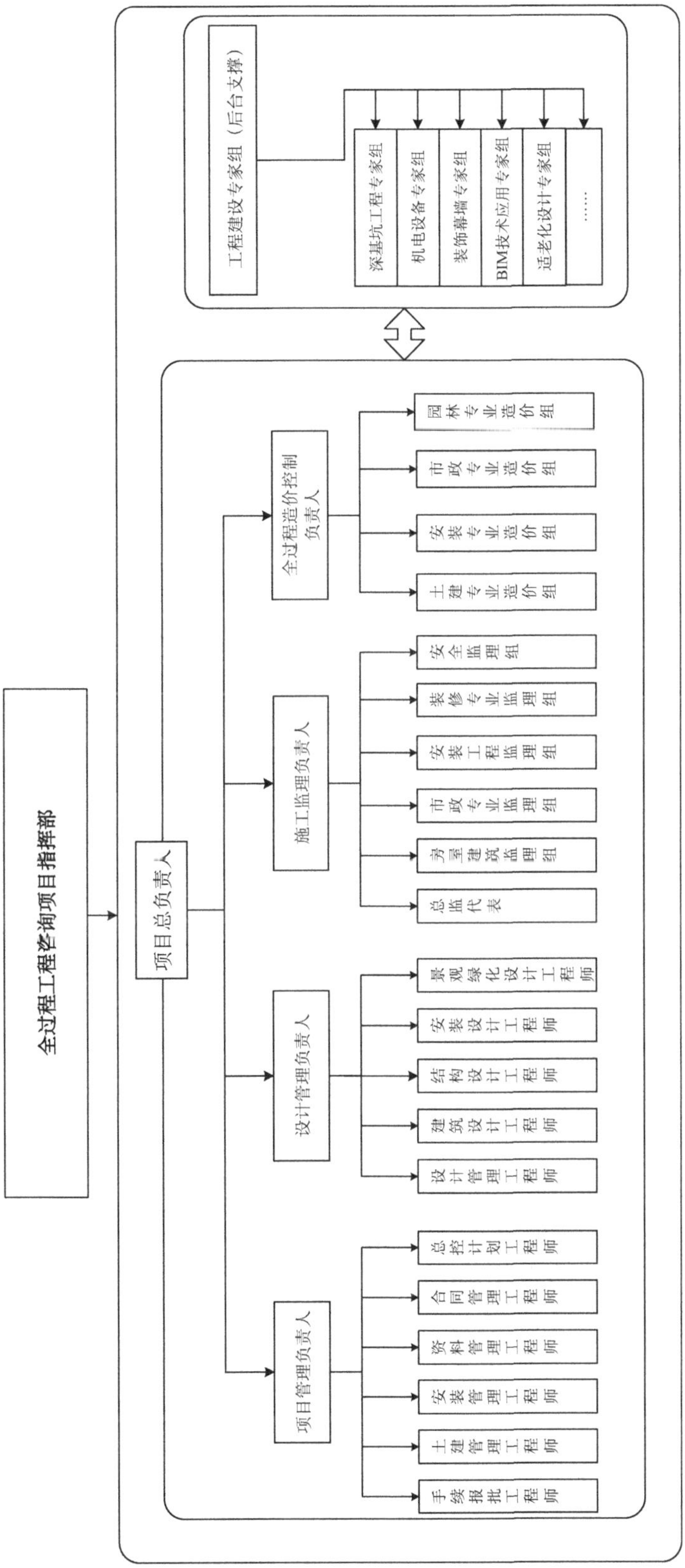

图 2.4　某养老项目全过程工程咨询项目指挥部组织架构

2. 岗位分工

某养老项目的全过程咨询服务部门及主要负责人员配置、任务分工见表2.1。

表2.1　工程咨询单位人员配置及任务分工

序号	部门及主要负责人员		主要工作任务
1	全过程咨询指挥部（总指挥）		(1) 作为工程咨询单位项目总协调； (2) 在项目全过程咨询服务过程中，协调和保障本工程项目部、专家顾问组的资源配置，在确保合同约定工作全面到位的同时，充分调动工程咨询单位的优势资源，为项目提供增值服务
2	工程建设专家顾问组（组长）		(1) 对项目实施过程中的重大、疑难问题提供专家意见和决策支持，包括重大技术方案的审定、重大安全和质量问题（如发生）的处置等； (2) 定期听取项目管理班子的服务专题汇报，并提出专家意见； (3) 定期或根据现场工作需要，及时赴工地指导工程咨询工作，解决重大技术问题； (4) 必要时，参加组织的专家咨询会
3	项目管理班子（项目总负责人）		(1) 代表工程咨询单位担任项目全过程咨询的总负责人，为项目提供驻场服务； (2) 与建设单位领导层进行工作对接，及时响应建设单位对项目的各项工作要求； (3) 在开展工程咨询业务期间，应结合项目实际进展状况及业主单位、工程咨询管理部门的指导意见，适时优化调整咨询服务团队的人员配置； (4) 与建设单位负责人共同组成项目管理决策层，配合建设单位负责人对项目管理的执行层和实施层进行管理； (5) 对工程报批报建管理、设计管理、招标采购管理、进度控制、投资控制、造价咨询管理、合同管理、BIM实施管理、工程监理管理、档案信息管理以及竣工验收移交等工作进行整体把控； (6) 统筹协调项目工程咨询工作的整体部署与资源调配，系统把控各管理环节的实施质量，保障咨询方案的规范化执行与预期目标的达成； (7) 针对项目实施阶段的关键性难题，协调项目管理团队研拟专业解决方案，为业主单位提供科学的决策依据
4	支持部门	项目管理部（负责人）	(1) 统筹协调项目实施过程中的进度管控、文档资料管理及外部关系协调等关键环节，同时配合项目负责人优化人力资源配置方案； (2) 编制项目的总进度计划，明确各专业设计进度、报批报建进度、招标采购进度、施工进度、验收及移交进度的要求，并协调相互之间的矛盾； (3) 在项目实施过程中对工程进度进行监控和预警，发现进度偏差及时向项目总负责人汇报，并与项目总负责人等共同制定纠偏对策； (4) 协调项目建设过程中涉及的政府部门及公用事业单位的关系，协助解决征地拆迁、道路及管线迁改、临时及正式水电接驳、前期报批报建、专项验收等方面的疑难问题； (5) 参加各类项目管理例会、工程例会及专题会议，并整理会议纪要； (6) 负责收集项目建设过程中的各类信息（包括照片及影像资料），组织编制并发布项目的各类报告（包括月报和专报等）； (7) 负责项目建设过程中的文档资料及竣工档案管理工作，确保满足建设单位及城建档案馆的要求； (8) 组织编制用于项目工程咨询的管理方案和制度性文件，包括管理手册、现场总体管理方案、廉政建设制度、现场安全文明管理制度、进度管理办

（续表）

序号	部门及主要负责人员		主要工作任务
4	支持部门	项目管理部（负责人）	法、质量管理办法、工程检测管理办法、技术核定单管理办法、工程用款申请办法、工程审价及结算管理办法等，以及其他必要的管理方案和制度性文件； (9) 组织对各参建单位的履约评价； (10) 负责项目工程咨询团队的行政管理及后勤保障工作
		设计管理部（设计管理负责人）	(1) 制订设计管理工作大纲，明确设计管理的工作目标、管理模式和管理方法等； (2) 检查并控制设计单位的设计进度，督促设计单位按时提交合格的设计成果； (3) 组织对各阶段（方案、初步设计、施工图）及各专业（设备工艺、综合管线等）的设计图纸进行设计深度及设计质量审查； (4) 对设计方案、装修方案及各专业系统和设备选型进行优化比选，并提交审查报告； (5) 协调使用各方对已有设计文件进行确认，并确定设计样板； (6) 统筹协调设计优化及变更管理，系统评估相关费用调整、施工工艺变更及进度影响等关键因素，适时运用价值工程方法优化设计方案； (7) 组织专项审查，并对评估单位提出有意义的修改建议并督促送审，直至通过各种专业评估； (8) 组织设计单位进行工程设计优化、技术经济方案比选并进行投资控制，要求落实限额设计； (9) 组织招标采购团队拟定招标文件中的有关技术要求； (10) 对项目的 BIM 咨询单位及其他 BIM 团队（包括设计单位、施工单位等的 BIM 团队）进行管理； (11) 完成项目前期报批报建及竣工阶段的各项专项验收工作
		全过程造价控制部（全过程造价控制负责人）	对接建设单位采购合约团队，负责项目的招标采购、合同管理和投资控制，具体工作任务包括： (1) 编制年度投资计划，并进行全过程动态跟踪和控制； (2) 梳理招标采购对象（服务类、工程类、货物类）； (3) 开展招标采购策划（包括采购包及合同界面划分、采购进度规划、拟定采购方式、采购额度等）； (4) 编制各类投资控制与合同管理办法； (5) 审查设计单位提交的设计概算工程量清单； (6) 编制招标文件（含合同文本，但不含工程量清单），并组织招标采购； (7) 组织大宗材料或设备的采购； (8) 参与合同谈判与签订过程； (9) 全程跟踪和监控各参建单位的履约情况； (10) 编制各类管理台账（包括招标采购台账、合同台账、变更台账、索赔台账等）及资金使用计划； (11) 审查施工单位及其他单位提交的付款申请； (12) 处理施工过程中的各项变更、签证和索赔事宜； (13) 组织和参与完成项目的工程结算和审计工作； (14) 编制各类招标采购、投资控制与合同管理专题报告或报表； (15) 配合设计管理部做好报批报建管理、竣工验收及移交管理工作

（续表）

序号	部门及主要负责人员		主要工作任务
4	支持部门	施工监理部（负责人）	对项目施工过程的质量、安全及文明施工进行管理，主要任务包括： (1) 协助项目总负责人对现场施工进行宏观管理； (2) 统筹工程质量与安全总体控制； (3) 制定针对性的安全质量管理体系及制度； (4) 落实质量管理工作； (5) 落实安全管理工作； (6) 落实文明施工管理工作； (7) 参加各地块的工程例会； (8) 参与或协助组织工程竣工预验收、竣工验收和交付使用等各项工作； (9) 协助处理建设过程中的各类质量和安全问题、事故； (10) 协助解决建设过程中的各类矛盾； (11) 对各参建单位的安全和质量行为进行奖励或处罚； (12) 配合项目管理部做好进度控制、档案信息管理工作； (13) 定期统计和分析施工现场的安全和质量问题，并向项目总负责人做书面汇报

3. 任务分解

以某养老项目为例，根据工程咨询服务工作内容以及人员配置，对工作任务进行分解，具体见表 2.2。

表 2.2　某养老项目全过程咨询服务职能分工

序号	工作内容	建设单位	全过程咨询单位	其他咨询单位	工程总承包单位
1	项目启动阶段				
1.1	总体管理				
1.1.1	组建项目管理组织架构	D	E	—	—
1.1.2	明确管理目标	D	E	—	—
1.1.3	编制工程咨询策划	D	E	—	—
1.1.4	编制项目进度规划	D	E	—	—
1.1.5	编制管理工作手册	D	E	—	—
1.2	进度管理				
1.2.1	编制项目总进度计划	D	E	—	—
1.2.2	进度计划管理	D	E	J	—
1.3	行政配套管理				
1.3.1	政府报批报建	D	E	J/S	—
1.4	设计管理				

（续表）

序号	工作内容	建设单位	全过程咨询单位	其他咨询单位	工程总承包单位
1.4.1	编制设计需求/任务书	D	—	J/S	—
1.4.2	组织概念方案征集	D	—	J/S	—
1.4.3	组织概念方案评审	D	—	J/S	—
1.5	采购合约管理				
1.5.1	制订招标策略	D	E	J/S	—
1.5.2	招标文件编制	D	E	J/S	—
1.5.3	组织招标工作	D、J	E	J/S	
1.5.4	合同执行管理	D	E	J/S	—
1.5.5	非公开招投标竞争性谈判(若有)	D、J	E	J/S	—
1.5.6	建立项目投资控制体系	D	E	J/S	—
1.5.7	组织专项投资报告编制	D	E	J/S	—
1.5.8	支付管理	D	E	J/S	—
1.6	信息与行政管理				
1.6.1	信息沟通管理	S	D/E	J/S	—
1.6.2	建立文档管理制度	S	D/E	J/S	—
2	项目方案及初步设计阶段				
2.1	总体管理				
2.1.1	召开项目管理例会	D	E	J/S	—
2.1.2	召开设计例会	D	E	J/S	—
2.1.3	召开设计专题会	D	E	—	—
2.2	进度管理				
2.2.1	编制设计进度计划	D	E	J/S	—
2.2.2	编制报批报建进度计划	D	E	J/S	—
2.2.3	编制采购进度计划	D	E	—	—
2.2.4	进度计划管理	D	E	J/S	—
2.3	行政配套管理				
2.3.1	行政许可审批	D	E	—	—
2.3.2	配套申请	D	E	—	—
2.4	设计管理				

（续表）

序号	工作内容	建设单位	全过程咨询单位	其他咨询单位	工程总承包单位
2.4.1	方案设计协调	D	E	J/S	—
2.4.2	初步设计协调	D	E	J/S	—
2.4.3	施工图设计送审	D	E	J/S	—
2.4.4	设计成果技术咨询	D	E	J/S	—
2.5	采购合约管理				
2.5.1	制订招标策略	D	E	J/S	—
2.5.2	招标文件编制	D	E	J/S	—
2.5.3	组织招标工作	D、J	E	J/S	—
2.5.4	合同执行管理	D	E	J/S	S
2.5.5	非公开招投标竞争性谈判（如有）	D、J	E	J/S	—
2.5.6	建立项目投资控制体系	D	E	J/S	—
2.5.7	组织专项投资报告编制	D	E	J/S	—
2.5.8	支付管理	D	E	J/S	S
2.6	信息与行政管理				
2.6.1	信息沟通管理	S	D/E	J/S	S
2.6.2	文档档案管理	S	D/E	J/S	S
3	项目施工阶段				
3.1	总体管理				
3.1.1	组织召开工程例会、专题例会	S	D/E	J/S	S
3.1.2	负责项目进度、质量、安全、投资监控	D	E	J/S	S
3.1.3	工程综合协调（含外围社会环境管理）	D/S	E	—	S
3.2	进度管理				
3.2.1	审核施工单位的施工进度计划（年/季/月/周进度）	S	D/E	—	S
3.2.2	监督并落实施工单位的工程进度计划	S	D/E	—	S
3.2.3	工程综合协调（含外围等社会环境管理）	D/S	E	—	S
3.3	行政配套管理				
3.3.1	政府办证过程协助	S	D	—	E
3.4	施工图设计管理				
3.4.1	图纸会审及设计交底	S	D/S	J/S	E

（续表）

序号	工作内容	建设单位	全过程咨询单位	其他咨询单位	工程总承包单位
3.4.2	深化设计协调管理	S	D/S	J/S	E
3.4.3	设计变更管理	D	E	J/S	S
3.4.4	技术核定	D	E	J/S	S
3.5	采购合约管理				
3.5.1	专项分包招标文件编制（材料设备/专业分包）—EPC① 方采购	D	S/J	J/S	E
3.5.2	专项分包招标文件编制（材料设备/专业分包）—建设方采购	S	D/E	J/S	S
3.5.3	组织专项分包招标工作（材料设备/专业分包）—EPC 方采购	D	S/J	J/S	E
3.5.4	组织专项分包招标工作（材料设备/专业分包）—建设方采购	S	D/E	J/S	S
3.5.5	EPC 合同执行管理	D	S/J	J/S	E
3.5.6	专业分包合同执行管理（材料设备/专业分包）	D	S/J	J/S	E
3.5.7	支付管理	D	E	J/S	S
3.5.8	变更管理	D	E	J/S	S
3.5.9	投资控制	D/S	E	J/S	S
3.6	施工管理				
3.6.1	施工质量管理	S	D/E	J/S	E
3.6.2	工程技术管理	S	D/E	J/S	E
3.6.3	施工界面协调管理	S	D/E	J/S	E
3.6.4	HSE 管理②	S	D/E	J/S	E
3.6.5	工程中间验收管理	S	D/E	J/S	E
3.7	信息与行政管理				
3.7.1	工程档案管理	S	D/E	S	E
3.7.2	文件发放管理	S	D/E	S	E
4	项目收尾阶段				
4.1	总体管理				

① EPC：工程总承包的别名。

② HSE 管理是指健康（Health）、安全（Safety）和环境（Enviroment）三位一体的管理。

（续表）

序号	工作内容	建设单位	全过程咨询单位	其他咨询单位	工程总承包单位
4.1.1	组织召开竣工验收专题会	J	D/E	S	S
4.1.2	组织召开档案馆交底会	S	D/E	S	S
4.1.3	组织参建方制订总体、单体验收计划	S	D/E	J	S
4.2	进度管理				
4.2.1	管理竣工验收、备案以及实体移交进度	S	D/E	J	J
4.2.2	收尾工作进度协调的管理	S	D/E	J	J
4.2.3	编制项目竣工验收及移交进度计划并监督落实	D	E	J	E/S
4.2.4	编制单体竣工验收及移交进度计划并监督落实	D	E	J	E/S
4.3	行政配套管理				
4.3.1	配合办理各专项公用事业配套接入	S	D/E	J	S
4.3.2	竣工验收管理	S	D/E	S	S
4.4	设计管理				
4.4.1	竣工图管理	S	D/E	S/E	S
4.5	采购合约管理				
4.5.1	质保期合同管理	S	D/E	S	S
4.5.2	审核工程竣工结算	D	E	J/S	S
4.6	施工管理				
4.6.1	缺陷整改	S	D	S	E
4.6.2	组织完成项目竣工验收	S	D/E	S	S
4.6.3	组织完成项目移交工作	S	D/E	J	S
4.6.4	项目 HSE 管理工作总结和评价	S	D/E	J	J
4.6.5	协助建设单位制订项目运营期 HSE 管理规划	S	D/E	J	J
4.7	信息与行政管理				
4.7.1	组织编制运营维护手册	S	D	J	E
4.7.2	编制全过程咨询总结报告	S	D/E	J	J
4.7.3	组织竣工资料/档案移交	S	D/E	J	E

注：D—批准；E—执行；S—支持；J—参与。

4. 管理界面

1）建设方与全咨团队的界面

（1）项目组与全过程咨询单位的界面。

① 项目组职能：行使决策、监督、保障、协调、支撑职能，参加由全过程咨询单位组织

的重要会议，保障和支撑全过程咨询单位在施工阶段有效进行管理工作。

② 全过程咨询单位职能：作为项目建设过程中组织和实施的主体，负责项目的具体管理和执行工作。

(2) 项目组与全过程工程项目管理的界面。

全过程工程项目管理职能：区别于传统模式，项目现场实施工作由全过程工程咨询团队主导执行，具体工作内容包括项目总体规划、招投标流程管控、设计方案优化及施工过程监管等核心职能，并需要完成项目进度报告编制以及业主单位内部管理体系文件的撰写工作。

(3) 全过程工程项目管理与监理的界面。

① 全过程工程项目管理职能：负责项目策划、招标及设计管理的组织与宏观统筹，管理项目质量、安全、进度和投资控制，制定管理流程和制度，作为项目整体宏观管控的责任主体。

② 全过程工程监理职能：作为施工过程质量管控、安全生产监督、进度协调及成本控制的核心责任主体，督导各参建单位严格遵循国家技术规范、行业标准及业主管理要求，并统筹安排施工单位接受各类专项检查(包括但不限于第三方评估等)。

③ 变更管理：在传统模式下，施工现场的变更管理由监理负责；而在养老项目中，设计变更图纸由全过程工程项目管理(设计管理和造价部门)负责跟进，监理需加强与该部门的协同，共同推进变更与签证工作。

2) 全咨团队内部界面划分

全过程工程管理的核心职能在于整合项目管理资源，协同项目团队实现工程质量、工期及成本的全方位管控，确保安全文明施工规范落实。在业主管理框架内，需构建标准化管理体系，严格执行管理流程，通过精益化管理手段达成项目预期建设目标。具体职责包括：

(1) 报批报建。

办理平行发包施工许可证，管理施工阶段可能涉及的报建工作(如开路口、占绿地等手续)。

(2) 招标管理。

配合施工总承包单位的进度，完成平行发包及战略合作单位的招标至合同签订工作。

(3) 综合管理。

优化文件流转流程，做好项目管理资料的传阅、整理与归档；建立制度，要求监理和施工单位做好施工阶段资料的制作、整理及竣工资料的归档；完成履约评价管理。

(4) 设计管理。

在招标阶段审核设计图纸，优化方案(主要集中于精装修招标)；在施工阶段管理设计图纸，解决技术问题，管理设计变更、深化设计及竣工图。

(5) 造价管理及合同管理。

招标阶段的造价管理和施工阶段的变更管理。与监理造价部通过合院办公融合，提升管理效率，有效控制投资。管理造价团队，做好变更与签证的审价工作，审核施工图预算和工程结算。

（6）现场管理。

按土建和机电两大专业进行统筹，做好策划管理。对监理的现场质量、安全文明监督工作进行管理，统筹现场变更与签证、信息管理。现场管理责任主管作为唯一出口，对标段经理及项目组的各专业工程师负责。对BIM咨询实施管理，利用BIM指导现场施工，与现场管理团队共同完成BIM的统筹管理工作。

3）全过程工程监理的职责

全过程工程监理的职责是依据有关法律法规规范及签订的工程咨询合同来履行监理职责，涵盖项目施工准备阶段、施工阶段、保修及后续服务阶段的监理工作，以及与工程监理相关的其他工作。具体职责包括：

（1）质量、进度控制及安全生产监理管理。

制订工程监理方案及实施细则，统筹施工图纸联合审查工作，并参与工程技术交底会议。监督并核查施工单位对工程承包合同及国家技术规范的执行情况，协调处理外部协作事宜。评审施工单位报送的施工组织方案、技术措施、进度安排及质量管控体系等文件。审批总承包单位提出的工程变更请求，并根据情况联合设计管理部门召开专项协调会议。对工程进度与质量实施动态管控，督促施工单位落实质量安全管控措施。组织分部分项工程和隐蔽工程的检查、验收工作，并协助业主和项目管理团队组织工程竣工验收。参与投资控制（与管理公司造价部门协同），负责施工期间工程量的计量、工程款支付、审查工程变更、签证及其费用等。

（2）合同、信息协调管理。

做好合同管理的各项协调工作，配合业主方及项目管理组完成报建材料的系统梳理工作。督导施工单位规范整理合约文档及工程技术档案，协同业主与项目管理团队开展工程资料的收集、分类及归档管理工作。通过明确建设方与全咨团队、全咨团队内部的管理界面，养老项目全过程咨询服务能够实现高效协同，确保项目质量、进度、投资和安全目标的顺利达成。

5. 工作流程

某养老项目全过程咨询服务工作总流程如图2.5所示。

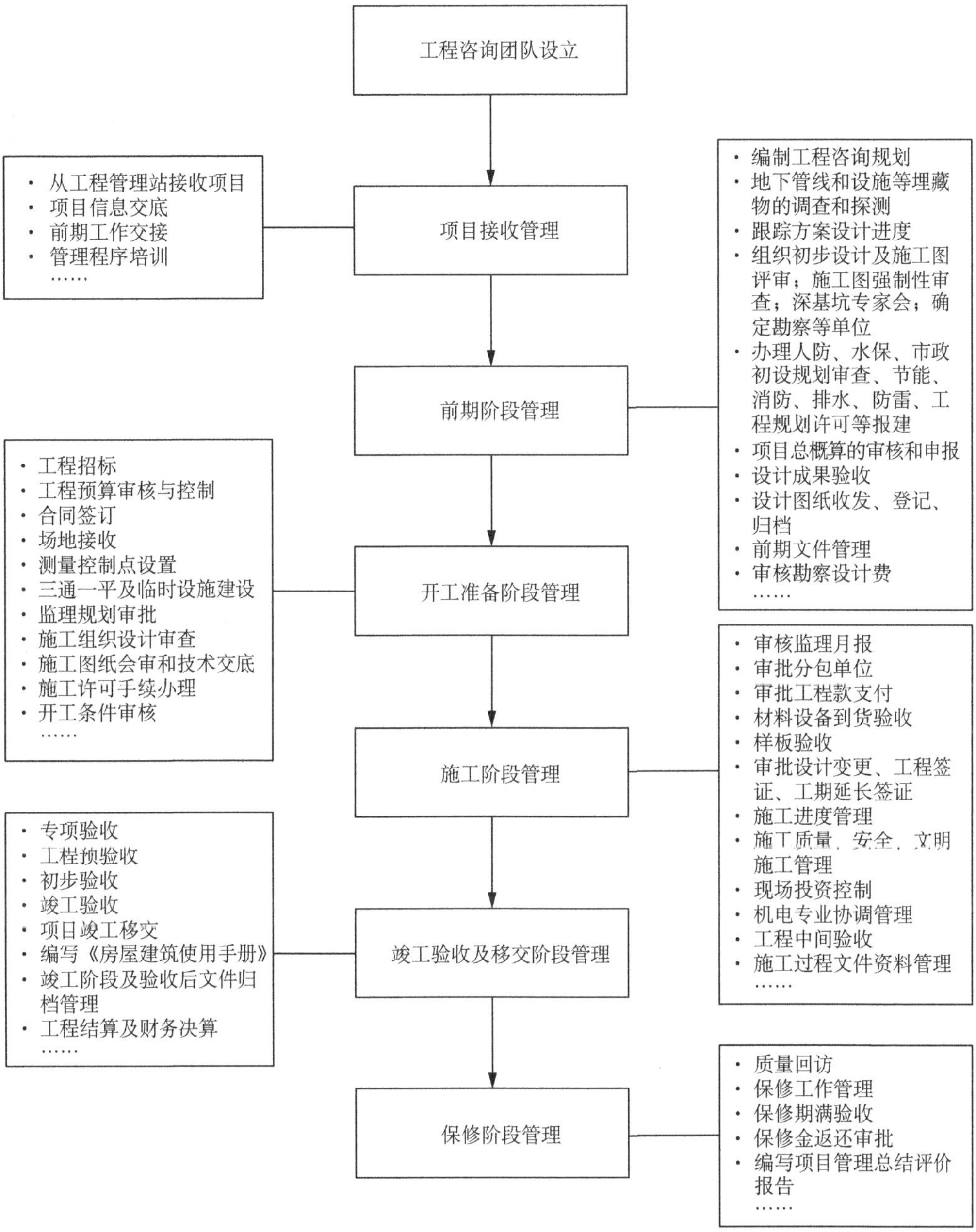

图 2.5　某养老项目全过程咨询服务工作总流程

第3章　养老项目全过程咨询服务主要内容

3.1　项目前期管理

3.1.1　策划管理

1. 管理目标

在项目启动之初，策划管理的核心目标是从全局视角出发，对项目的需求、建设条件、建设目标及功能特点进行全面分析。通过整体策划，确保项目的各项工作能够统筹推进，明确项目管理单位及各参建单位的职责与工作界面。在项目实施过程中，策划管理还需根据实际情况进行动态优化，调整实施方案，为建设单位提供切实可行的综合解决方案。具体而言，策划管理涵盖以下内容：

(1) 项目整体目标分解：将项目的总体目标细化为可执行的具体任务，确保每个环节都有明确的方向。

(2) 项目组织策划：构建高效的项目管理组织架构，明确各部门及岗位的职责分工。

(3) 沟通机制策划：建立顺畅的沟通渠道，确保信息传递及时、准确。

(4) 项目进度策划：制订详细的项目进度计划，并根据实际情况进行动态调整。

(5) 招标采购策划：规划项目的招标采购流程，确保资源高效配置。

(6) 安全文明施工管理策划：制订安全管理措施，确保施工过程安全文明。

(7) 质量管理策划：建立质量管理体系，确保项目各阶段的质量达标。

(8) 项目验收及移交策划：规划项目的验收与移交流程，确保项目顺利交付。

2. 工作内容

策划管理的工作内容主要包括以下几个方面。

1) 项目定位与需求分析

(1) 市场调研。协助建设单位开展市场调研，深入了解当地老年人口的数量、收入水平及养老需求偏好(如自理型、半自理型、失能失智照护需求等)，为项目的准确定位提供数据支持。

(2) 功能配置分析。结合相关政策法规(如养老设施建设标准、无障碍设计规范等)，确定项目的功能配置，包括居住房间的数量与类型、医疗保健设施、休闲娱乐空间、餐饮服务区域等的规模与布局。

2) 可行性报告编制

(1) 投资估算。对项目的投资进行详细分析，涵盖土地成本、建筑工程费用、设备购置费用、运营筹备费用等各项支出，评估项目的经济可行性。

(2) 技术分析。从技术角度评估项目选址的合理性，包括交通便利性、周边配套设施(如医院、商场等)的完善程度，以及场地地形地貌、地质条件对工程建设的影响，最终形成可行性报告，为项目决策提供科学依据。

3) 项目计划统筹及总体管理

(1) 目标制订与组织架构建立。制订项目管理的具体目标，建立项目管理组织架构，明确各部门及岗位的职责分工，并制订相应的工作程序与制度。

(2) 进度计划编制与调整。编制项目的总体进度计划，并根据实施情况进行动态调整，确保项目按计划推进。

(3) 协调与沟通。协调项目各层面、各相关单位及各项工作之间的关系，确保项目内外部资源的有效整合。

3. 管理要点

1) 组织融合

全过程咨询团队进场后，首要任务是对项目的组织架构进行优化。其指导思想是实现建设方与全过程咨询单位的合署办公，形成统一的指挥部，确保管理行为的边界清晰，管理内容无缝衔接。同时，引导建设方的组织架构从传统管理模式向全过程咨询模式转变。

在工程全周期咨询服务体系中，业主单位的核心职能定位聚焦于：面向项目使用主体及相关行政主管部门，明确工程整体功能需求，确立项目建设纲领性目标，并在项目实施过程中履行“战略决策、过程监控、资源保障、技术把关”等顶层管控职责。全过程咨询单位受建设方委托，全面负责项目的管理与组织协调工作，包括前期审批、设计管理、招标采购、施工监管等，确保对咨询服务、施工及材料设备供货等单位的高效管理。

根据指挥部的职能定位，项目将构建包含管理决策层、管理执行层与项目实施层的管理组织体系。各部门按专业与建设方项目组充分融合，确保工作界面清晰，并在指挥部的统一领导下，确保项目建设目标的顺利实现。全过程咨询三层管理组织架构如图3.1所示。

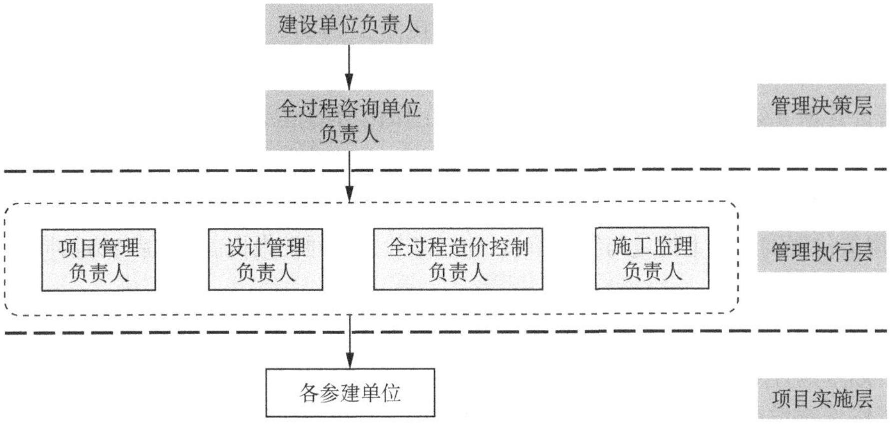

图3.1 全过程咨询三层管理组织架构

2）报批报建

在项目启动阶段，报批报建是确保项目合法合规推进的关键环节。项目团队依托丰富的报批报建经验，与项目所在地的政府及公共事业管理部门建立良好的沟通渠道，在征询各方意见后，制订科学合理的报批报建咨询方案。该模块的重点工作包括：①组织架构与职责分工。根据项目报批报建的需求，组建专业的报批报建团队，明确各成员的职责分工，确保审批资料的完整性和工作的顺利推进。②流程梳理与计划制订。梳理项目建设总程序，绘制逻辑清晰的工作流程图，制订详细的行政审批进度计划，并建立高效的工作反馈机制，确保审批流程透明可控。

3）设计管理

设计是项目建设中的核心环节，直接影响项目的功能实现与建设质量。该模块的重点工作包括：①需求分析与设计划分。明确使用单位的功能需求，协助建设单位合理划分设计包，建立设计交流平台和统一管理制度，制订设计管理工作大纲，确保设计工作有序开展。②设计单位招标与报价。根据不同类型的建筑使用要求，组织设计单位进行投标报价，确保设计方案的经济性与可行性。③设计变更与审查。在施工阶段，将专项设计及设计流程变更制度化，利用 BIM 技术对项目进行全面监管与审查，强化设计文件的审核与分析，确保设计质量。

4）进度管理

为确保项目按期交付，进度管理需从全局出发，把控总体目标及关键节点。该模块的重点工作包括：①进度计划编制。确定进度计划编制原则，与建设单位共同确定项目的里程碑节点，如计划开工及竣工时间。②进度目标分解。根据总体进度目标，对项目进行结构分解，制订详细的实施计划和分级、分层的进度计划。③进度协调与风险控制。统筹设计、采购、施工的进度匹配，识别进度规划中的主要风险，跟踪各参建单位的实施进度，及时分析问题并纠正偏差。

5）投资控制

投资控制是确保资金使用效益的关键。该模块的重点工作包括：①投资体系与制度建立。明确项目投资体系，规范资金计划、使用及审核行为，确保资金使用有章可循。②限额设计与投资台账。督促设计单位做好限额设计，建立投资控制台账，实时监控资金流向。③结算审核与变更评估。审核工程结算文件，协助完成工程结算与决算，评估工程变更对投资的影响，提前预警并降低造价超支风险。

6）造价管理

造价管理贯穿项目全过程。该模块的重点工作包括：①工程量清单与控制价审核。审核工程量清单及招标控制价，确保造价文件的准确性。②进度款与变更估算审核。审核施工阶段的工程进度款及变更估算，确保资金使用合理。③管理平台与沟通机制。建立项目管理平台，实现造价咨询的线上批复与线下审核，建立高效的沟通汇报机制，确保各方协同配合。

7）合同管理

合同管理是项目顺利实施的重要保障。该模块的重点工作包括：①合同文件编制。根据招标采购计划，编制招标合同文件，明确合同类型及工作范围。②合同变更与风险控制。严格控制设计变更风险，及时核算变更费用，监督变更实施过程。③履约跟踪与支付管理。加强施工合同履约跟踪，合理设置支付节点，确保进度付款与现场形象进度匹配。

8）BIM管理

BIM管理是实现信息共享与协同工作的重要手段。该模块的重点工作包括：①BIM实施方案编制。编制项目总体、专项及各阶段的BIM实施方案、标准及规范。②BIM服务监管。监管BIM在导入期、定义期、初始实施期等各阶段的服务，确保BIM技术的有效应用。③流程与责任明确。精准定义BIM管理总流程及工作流程，明确各参与方的BIM责任。

9）监理服务

监理服务是确保项目质量、进度、投资及安全目标实现的关键。该模块的重点工作包括：①监理组织架构建立。建立监理组织架构，明确职责分工，为项目提供技术支撑。②过程控制与交工管理。通过严格的开工审核、过程控制及交工管理，确保现场质量与安全。③监理工作策划。在关键分部分项工程实施前，做好监理工作策划，确保管理工作精细化。

10）档案信息管理

档案信息管理是确保项目信息真实、准确、完整的重要环节。该模块的重点工作包括：①信息管理制度建立。建立完善的信息管理制度，确保信息收集、传递、处理的及时性，实现数字化档案管理。②文件格式与流程规范。制订规范的文件格式和表格模板，建立高效的信息沟通与审批流程。③信息一致性复核。定期与各参建单位复核信息的一致性，确保档案的真实性与准确性。

11）竣工验收及移交

竣工验收及移交是项目建设的最终环节。该模块的重点工作包括：①验收计划制订。根据建设单位及使用单位要求，制订详细的验收计划。②运营执照办理。协助使用单位办理后续相关运营执照，确保项目顺利投入使用。③实体移交与培训。组织参建单位和设备供应商对使用单位及物业单位进行现场指导与培训。④合同履约评估。梳理各类合同履行情况，出具履约评估报告，明确保修责任。⑤工程结算与总结。组织工程结算编制与审核，形成项目咨询总结报告及课题成果。

4. 经验总结

“预则立，不预则废。”通过项目的全盘计划与统筹策划，将全过程咨询的目标、思路及工作内容融入项目实施的每个环节，形成指导性文件。这不仅实现了工程咨询活动的制度化、程序化、规范化与标准化，而且最大限度地保障了养老项目的建设质量，实现了项目投资在经济效益、社会效益、环境效益及管理绩效方面的最大化。

3.1.2　报批报建管理

1. 管理目标

报批报建管理的核心目标是确保项目在合法合规的前提下高效推进。根据项目所在地的建设程序要求，结合项目的具体特征，分批次、分类别地开展各项行政审批及公用事业配套接驳工作。通过科学规划与动态调整，使报批报建工作的每个节点与项目整体进度要求相匹配，从而为项目的顺利实施奠定坚实基础。

2. 工作内容

报批报建管理的工作内容涵盖多个方面，旨在为项目提供系统化、规范化的支持，具体如下：

(1) 目标制订与组织架构建立。制订项目管理的具体目标,建立高效的组织架构,明确各部门及岗位的职责分工,确保各项工作有序开展。

(2) 工作分解与制度建设。将项目管理工作内容细化分解,制订科学的工作程序与制度,确保每个环节有章可循。同时,根据项目各阶段的需求,制订相应的人力资源计划。

(3) 进度计划编制与动态调整。编制项目总体进度计划,并根据实施情况及时进行动态调整,确保项目进度始终处于可控状态。

(4) 内外部关系协调。协调项目各层面、各相关单位及各项工作之间的关系,同时积极协调项目与外部单位的关系,确保资源整合顺畅、信息沟通畅通。

3. 项目基本建设总程序

根据国内现行法律法规,项目基本建设总程序大致可分为以下五个主要阶段,如图 3.2 所示。

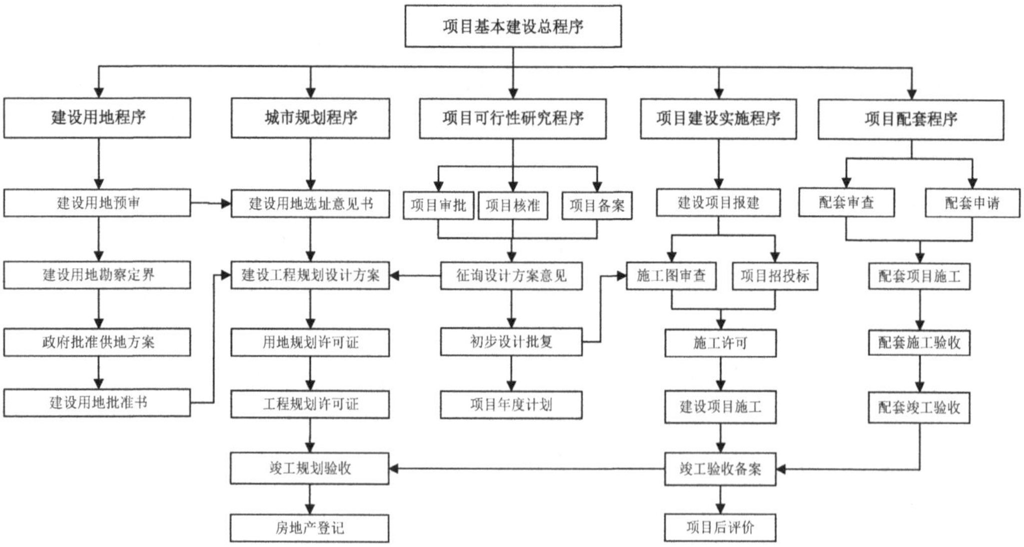

图 3.2 项目基本建设总程序示意

(1) 建设用地程序,涵盖土地获取、用地规划许可等环节,确保项目用地的合法性与合规性。

(2) 城市规划程序,涉及项目选址、规划条件审批等内容,确保项目符合城市总体规划要求。

(3) 项目可行性研究程序,包括可行性研究报告编制与审批,用于评估项目的经济、技术及社会可行性。

(4) 项目建设实施程序,涵盖施工许可、工程质量监督等环节,确保项目建设过程规范有序。

(5) 项目配套程序,包括公用事业配套接驳、竣工验收等内容,确保项目建成后能够顺利投入使用。

4. 报批报建工作总流程及说明

以某养老项目为例,项目前期报批报建工作总流程如图 3.3 所示。

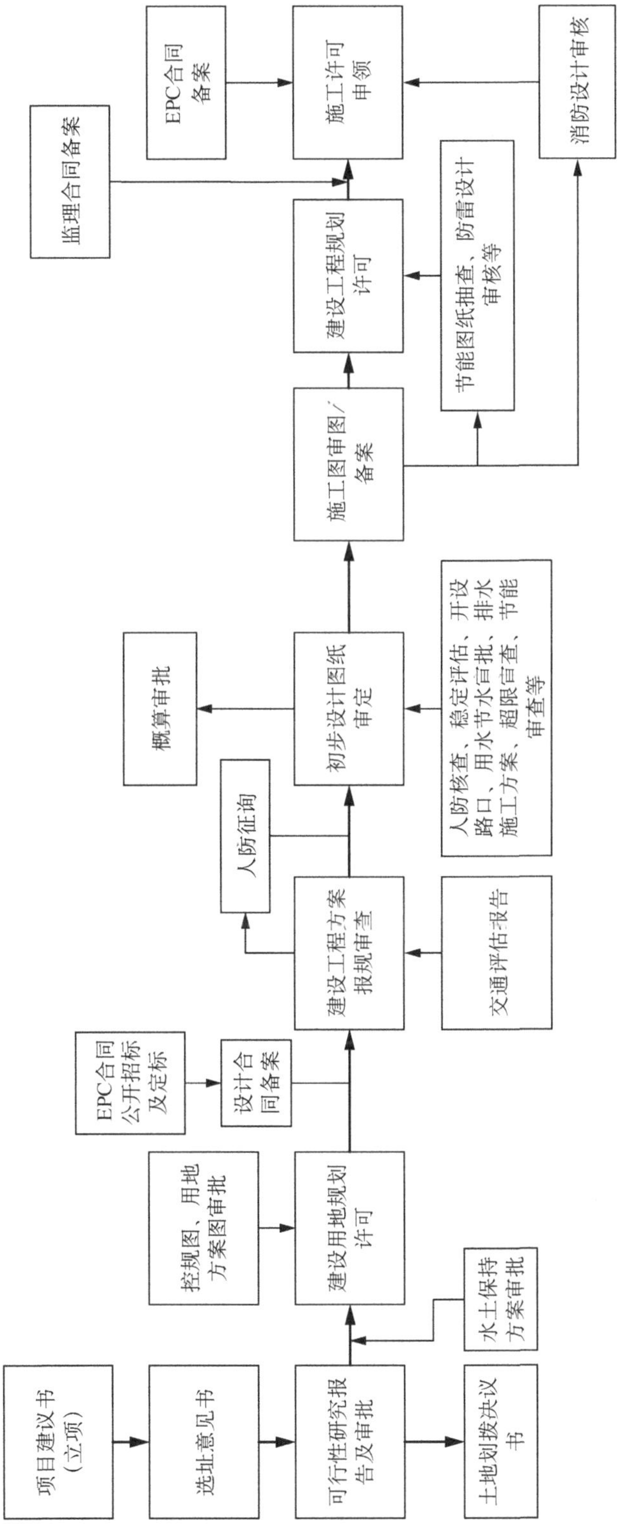

图 3.3　项目前期报批报建总流程示意

注：粗线为关键审批流程。

5. 报批工作界面划分

养老项目各参建单位报批工作的主要工作界面、管理职责分别见表 3.1—表 3.3。

(1) 方案设计批复之前,相关内容见表 3.1。

表 3.1　方案设计批复之前

序号	名称	建设单位	全过程咨询单位	工程总承包设计单位	勘察单位
1	地质灾害危险性评估	▲△	□		□
2	环境影响报告	▲△	□	□	
3	节能评估报告	▲△	□	□	
4	可行性报告	▲△	□	□	
5	地铁保护范围内勘察作业申请	▲	△		□
6	建设用地规划许可变更	▲	△	□	
7	方案设计核查	▲	△	□	

注:▲—批准;△—执行;□—协办。

(2) 方案设计批复至概算审批,相关内容见表 3.2。

表 3.2　方案设计批复至概算审批

序号	名称	建设单位	全过程咨询单位	工程总承包设计单位	勘察单位
1	场地管线产权单位拆改方案征询或涉及范围管线保护协议签订	▲△	□		□
2	迁移树木审批	▲△	□	□	
3	建筑命名审批	▲	△		
4	人防方案报建审查	▲	△	□	
5	用电征询	▲	△	□	
6	交通影响评价审核	▲	△	□	□
7	用水节水报告审批	▲	△	□	
8	详勘审图	▲	△		□
9	职业病危害放射防护预评价报告报审	▲	△	□	□
10	消防设计预审	▲	△	□	
11	超限抗震设防审批	▲	△	□	
12	人防初步设计审查	▲	△	□	
13	水土保持方案审查	▲	△		□
14	概算审批	▲	△	□	

注:▲—批准;△—执行;□—协办。

(3) 概算审批后至工程施工许可，相关内容见表 3.3。

表 3.3　概算审批后至工程施工许可

序号	名称	建设单位	全过程咨询单位	工程总承包设计单位
1	基坑围护施工图审图	▲	□	△
2	地铁保护范围内设计方案审批	▲	□	△
3	排水设计方案审批	▲	□	△
4	施工图审图	▲	□	△
5	防雷装置设计审核	▲	□	△
6	取得建筑工程规划许可证	▲	□	△
7	市政道路开设	▲	□	△
8	市政管线接口审批	▲	□	△
9	消防设计审核	▲	□	△
10	地铁保护范围内施工作业审批	▲	□	△
11	施工许可报建	▲	□	△
12	开工验线测绘备案	▲	□	△
13	规划验线	▲	□	△
14	施工临时排水许可	▲	□	△

注：▲—批准；△—执行；□—协办。

6. 其他专项审批

根据以往类似工程项目经验并结合项目实际情况，报批报建工作还涉及以下专项审批工作：①各专项部门设计征询，涵盖消防、卫生、交通、绿化、民防、抗震、防雷、市政、公路管理署、水务、交警、供水、燃气、电力、通信、路灯、环境市容、节能、公安等多个部门。②地质灾害评估、玻璃幕墙安全性评估等专项评估工作。③配合专项审批及各类专家评审会议需要，采购第三方咨询单位服务，并形成相关咨询报告，如深基坑工程的设计方案和施工方案评审。

7. 管理要点

1) 政策法规研究与解读

在项目报批报建的初期阶段，政策法规的研究与解读是确保项目合法合规推进的基础，具体工作如下：

(1) 组建专业团队，深入研究政策法规。咨询服务单位组建专业的政策研究团队，对国家及地方关于养老项目的报批报建政策法规进行全面梳理，涵盖土地使用、规划许可、环保要求、消防审批等方面的规定。同时，团队需密切关注政策动态，确保项目报批报建工作始终符合最新政策要求。

(2) 重点解读养老项目特殊政策。针对养老项目的特殊性，如医疗设施配套、无障碍环境建设等方面的政策要求，进行重点解读和分析。这些政策解读为项目设计和申报材料的准备提供了重要依据，确保项目在功能配置上满足政策要求。

2）申报材料准备

申报材料的准备是报批报建工作的核心环节，直接关系到项目能否顺利获批，具体工作如下：

（1）梳理申报材料清单。根据不同的报批报建环节（如项目立项、建设用地规划许可证申请、建设工程规划许可证申请等），详细梳理所需的申报材料清单。这些材料包括项目可行性报告、环境影响评价报告、设计方案文本、土地权属证明等。

（2）精心编制申报材料。组织专业团队编制申报材料，确保内容完整、数据准确、格式规范。例如，在可行性报告中，需充分论证养老项目的市场需求、财务可行性及社会效益，以提高项目获批的成功率。

3）申报流程跟进

申报流程跟进是确保报批报建工作高效推进的关键，具体工作如下：

（1）专人负责流程跟踪与协调。安排专人负责报批报建流程的跟踪与协调，与政府相关部门保持密切联系，及时了解申报材料的审核进度和反馈意见。

（2）建立申报进度台账。记录每个环节的申报时间、受理时间、审核结果等信息，对可能出现的延误风险提前预警，并制订应对措施。如遇审核不通过的情况，迅速组织团队根据反馈意见修改申报材料并重新申报，确保报批报建工作顺利推进。

8. 经验总结

报批报建工作贯穿项目全周期，从时间、空间和专业三个维度来看，其重要性不言而喻。

（1）时间维度：把控关键节点。从项目立项到施工期间，再到竣工验收，报批报建工作人员须严格把控各项报批报建的时间节点，确保项目按计划有序推进。

（2）空间维度：连通内外关系。报批报建工作人员在项目中担任重要枢纽角色，既要对接项目内部（如施工、监理、勘察、建设单位等），又要协调外部（如市住建局、市发改委等政府部门），推动各项报批报建事宜的顺利进行。

（3）专业维度：协调多专业事宜。报批报建工作涉及多专业内容，如给排水、强电、弱电、暖通、消防、幕墙等。工作人员需对这些专业内容有较深入的了解，以便更好地进行沟通协调与推进工作。

基于以上特点，报批报建工作的经验总结如下：

（1）及时掌握行政审批改革动向。咨询服务团队须随时掌握项目所在区域行政审批流程的改革动向，熟悉各行政审批部门新印发的文件，以减少政府改革对项目报批报建工作的影响，确保工作按期完成。同时，保持人员稳定，维护政府资源。报批报建工作人员需与政府部门保持长期联系，掌握充足的政府资源。人员稳定有利于维护与政府部门的良好关系，在必要时可争取审批绿色通道。此外，要及时安排工作，避免滞留。咨询服务单位需及时将各项工作任务分配给各参建单位，遇到棘手问题及时反馈给建设单位，确保问题快速解决，防止工作出现滞留情况。

（2）收集信息，做好工作记录。组织各条线相关人员定期提交工作任务进度表、周报和月报，梳理工作进展、存在问题及后续计划。会议中采用会议纪要、录音、拍照等方式留存记录，重要事项通过往来邮件形式存档。要及时传递信息，确保互通。每次例会的会议纪要、报批报建取得的批复、设计变更等新信息，须及时通过邮件通知各条线负责人，确保信息及时互通，避免信息滞后影响工作进展。

3.1.3 勘察管理

1. 管理目标

工程勘察管理的核心目标是确保勘察工作合法合规、科学高效，为后续设计与施工提供可靠依据。具体目标如下：

(1) 合规性。严格遵循国家及地区相关法律法规开展勘察工作，确保勘察程序符合政策要求。

(2) 针对性。结合设计需求，编制具有针对性的勘察任务书(包括初步勘察及详细勘察)，确保勘察内容与项目实际需求高度契合。

(3) 真实性。通过现场勘察与内业管理相结合的方式，确保勘察工作及报告编撰合法合规，内容真实有效。

(4) 明确性。勘察结果需清晰阐述，针对岩土问题提出具体建议，确保勘察成果具有实用价值。

(5) 准确性。现场地形地貌测量需清晰准确，真实反映实际工况；地下管线、构筑物和障碍物的工程物探须做到准确无误。

2. 工作内容

工程勘察管理的工作内容涵盖多个方面，旨在为项目提供全面的地质与地形数据支持。具体包括：①地下管线与设施分析。分析地下管线(如给水、排水、电力、通信、燃气等)及设施的埋藏情况，为工程勘察、设计及施工开挖提供基础资料。②不良地质作用与灾害查明。通过勘察查明不良地质作用和地质灾害情况，为工程设计和施工提供科学依据。③场地地形测量。开展场地地形测量工作，并出具地形图，为项目的场地规划及布局提供依据。④技术论证与建议。结合工程设计及施工条件，进行技术论证与分析评价，提出解决工程岩土问题的建议，并服务于工程建设的全过程。

3. 管理要点

为确保勘察成果的质量与实用性，工程勘察管理需重点关注以下方面：

(1) 为保证勘察成果能为后期工程设计及施工提供依据，应签署勘察审查合同。合同内容主要包括：岩土勘察文件的程序性和技术性审查；勘察任务书、勘察纲要是否满足规范和设计要求；现场作业是否按勘察纲要执行。

(2) 地质勘查工作需确保基础资料完整准确，全面贯彻设计方案的技术要求，并严格执行现场实地调查程序。应充分整合周边区域地质数据及既有工程经验，对项目场址的工程地质与水文地质条件开展系统分析。最终形成的勘查方案需同时满足技术可行性、经济合理性以及合同规定的质量标准和进度要求。勘查布点方案的设计需确保观测点位分布、数量规模、勘探深度及检测标准等要素均满足相关规范要求。通过优化勘查工作配置或引入先进技术手段，有效攻克工程关键技术难题。

(3) 审核设计机构提交的勘察任务书时，应重点核查以下要素：工程基本信息、项目总体情况、勘察工作边界、技术细则要求以及成果交付标准与时限。同时，需结合工程项目总体进度安排与设计节点计划，编制详细的工程勘察进度方案。

(4) 确保勘探孔位定位准确、野外检测点位设置规范、孔口高程测量数据达标。严格执行合约约定的钻探与检测工作总量，各项勘探作业均符合技术规程标准，钻孔质量与检测结果满足地质勘查技术要求。开终孔、取样、试验时地质技术人员应始终在现场，作业人员签名完整，记录应正确清楚，能如实反映地层土质的特性及地下水位。测试数量、位置及控制程度、采样的数量、深度应符合勘察任务书或相关规范要求。

(5) 取土、水试样符合勘察纲要或相关规范要求。试验单位应具备相应资质，试验无遗漏差错项目。土、水试验符合操作规程，原始数据和计算数据正确，各项指标之间关系吻合。

(6) 作业人员应严格按照有关安全文明的要求开展工作，勘察前应详细了解场地及周边地下管线和埋藏物情况，确保不损坏场地及附近的地下管线、建(构)筑物，避免出现安全事故。

(7) 对地质勘探进度实施动态管控，重点核查作业人员及机械设备是否按期到位，详细登记进场时间节点，基于实际勘探效率进行进度预测分析。如发现偏差，须立即通知勘探单位进行进度优化调整。

(8) 勘察文件深度满足勘察任务书、有关技术标准规范及合同规定的要求，勘察成果的审核审批程序完整、签署齐全，能够按照合同要求保质保量及时提交完整的、符合档案管理要求的资料。

(9) 通过地形勘察测量，了解场地现状，分析场地土方情况，并结合项目总体设计及建设目标，为场地的交通组织、建设次序安排、临时设施布置等场地策划工作提供依据。

(10) 责成勘探单位主动参与地基工程各阶段技术交底及质量验收工作，协同处置施工期间暴露的地质异常情况。同时，应业主方要求，须及时调配专业技术骨干驻场处理现场技术难题。

4. 经验总结

工程勘察作为建设工程的强制性要求，是工程设计的前置条件。全过程咨询模式下的勘察管理，可充分发挥项目管理及监理经验，在满足规范要求的基础上，进一步优化勘察方案，使其更贴合项目实际，为设计与施工提供坚实保障。具体经验总结如下：

(1) 红线内外管线全面勘察。在勘察阶段，不仅需探明红线范围内的地下管线，还应调查红线范围外的管线及埋藏物。例如，道路出入口施工中可能涉及地下管线的二次调查与迁改，若在勘察阶段一并解决，可为后续施工节省时间与创造便利条件。

(2) 地下管线与埋藏物的精细化管理。勘察工作不仅要为设计提供依据，还需重点关注地下管线及埋藏物的探明。例如，某养老项目在施工中发现地块内存在未探明的污水管涵，导致工期延误及产生额外费用。因此，勘察管理需通过多种途径与技术手段，确保地下管线情况的真实性与完整性。

(3) 精细化与科技化结合。勘察管理应注重精细化与科技化的结合，运用先进物探手段与技术分析方法，以实事求是的态度对待现场勘察工作，确保勘察成果的准确性与实用性。

3.1.4　设计管理

1. 管理目标

养老项目的设计管理目标旨在通过科学规划与精细设计，打造一个功能适配、安全舒适、经济实用且环境优美的居住空间，满足老年人在生活照料、医疗护理、康复保健、文化娱乐及精神慰藉等多方面的需求。具体目标如下：

1）功能适配性目标

(1) 满足多样化需求。确保设计方案充分满足不同身体状况和自理能力的老年人需求。例如，合理规划居住单元，确保轮椅回转空间充足，卫生间配备紧急呼叫按钮和无障碍淋浴设施，为老年人提供安全、舒适的生活环境。

(2) 精准分区服务。根据老年人的健康状况，设置自理型老年公寓、介护型护理单元及失智症老人照护专区等功能区域，实现分区精准服务，提升老年人的居住体验。

2）质量与安全目标

(1) 合规性与安全性。严格遵循国家及地方建筑设计、消防及无障碍设计规范，确保设计质量。例如，建筑结构设计需考虑地震、风灾等自然灾害因素，消防设计需确保疏散通道畅通、设施完备且易于操作。

(2) 环保与健康。优先选用环保、无毒、耐久性好的建筑材料，保障老年人身体健康。例如，室内装修材料需符合环保标准，避免甲醛等有害物质超标。

3）成本控制目标

(1) 设计优化与成本控制。通过优化设计方案，合理控制项目投资成本。例如，科学规划建筑布局，减少空间浪费，避免过度奢华装饰。

(2) 运营成本优化。在能源系统设计中采用节能设备和技术，降低水电暖等能源消耗费用；合理配置医疗设施，避免资源浪费，提升项目的经济性与可持续性。

4）审美与环境融合目标

(1) 自然与人文融合。设计需与周边自然环境及社区环境有机融合，打造优美宜人的居住景观。例如，利用当地自然景观资源，设计园林式庭院、散步道等户外活动空间。

(2) 温馨和谐的氛围。建筑外观设计需体现人文关怀与时代特色，营造温馨、和谐的氛围；内部装修风格需符合老年人审美偏好，色彩柔和、空间宽敞明亮，提升老年人的居住体验。

2. 工作内容

1）设计需求调研与分析

(1) 老年人需求调研。通过问卷调查、访谈等方式，深入了解老年人及其家属对居住环境、生活设施及服务内容的期望与要求，为设计提供依据。

(2) 行业趋势与案例研究。关注国内外优秀养老项目的设计案例，汲取先进经验。例如，借鉴“持续照料退休社区(Continuing Care Retirement Community，CCRC)”模式的设计特点，并结合本地实际情况进行应用。

(3) 地域适应性分析。分析项目所在地的社会经济状况、文化背景及气候条件，确保设计方案与当地环境相适应。例如，在寒冷地区注重建筑保温性能设计，在文化底蕴深厚的地区融入传统文化元素。

2）设计单位选择与管理

（1）招标方案制订。根据项目需求，制订详细的设计单位招标方案，明确资质要求、业绩要求及设计团队组成。例如，要求设计单位具备养老项目设计经验，设计团队包含建筑、结构、给排水等多专业人员。

（2）招标与评审。通过公开招标或邀请招标，择优选取兼具实力与创意的设计单位。评审时综合考量方案的创新性、可行性、功能性和经济性。

（3）合同签订与沟通机制。与中标单位签订设计合同，明确设计范围、进度、质量标准及费用支付方式。建立定期沟通机制，及时协调解决设计过程中的问题。

3）设计方案策划与编制

（1）方案策划书编制。依据调研结果与项目定位，与设计单位共同编制设计方案策划书，明确总体思路、功能布局框架及主要技术经济指标。

（2）详细设计与专业协调。组织设计单位开展建筑、结构、给排水等专业设计工作，注重各专业间的协调配合，避免设计冲突。

（3）内部审查与优化。邀请专家、建设方及运营方代表参与设计方案审查，从不同角度提出意见，对设计方案进行优化。

4）设计方案审查与优化

（1）外部审查与审批。将设计方案报送规划、消防、人防等部门审批，确保符合法律法规及规范要求。

（2）经济性审查与优化。由造价咨询人员对设计方案进行造价估算，提出优化建议，控制项目投资成本。

3. 管理要点

1）需求导向管理要点

（1）老年人需求反馈机制。定期组织老年人代表参观设计模型或样板间，收集他们的意见，并及时调整设计方案。

（2）潜在需求挖掘。设计多功能活动中心、户外交流空间等，以满足老年人的社交及精神文化需求。

2）多专业协同管理要点

（1）协同设计平台。利用 BIM 技术实现多专业协同设计，避免设计冲突。

（2）定期协调会议。定期召开多专业协调会议，研讨设计问题并形成统一意见。

3）规范与标准执行管理要点

（1）规范与标准管理库。收集整理养老项目相关规范与标准，确保设计合规性。

（2）设计单位培训。组织设计人员学习规范与标准，确保设计方案符合相关要求。

4）风险管理要点

识别设计变更、质量及进度风险，并制订相应的应对措施。例如，建立设计变更审批制度，强化设计质量管控。

4. 经验总结

1）成功经验

（1）以需求为核心的设计理念。通过深入调研老年人需求，打造功能齐全、舒适便捷的养老环境，获得高度认可。

(2) 多专业协同与BIM技术应用。通过协同设计与BIM技术，提高设计质量与效率，减少设计变更与施工问题。

(3) 与政府部门良好沟通。积极与政府部门沟通协调，确保设计方案快速通过审批。

2) 失败教训

(1) 需求把握不足。前期调研不深入，导致设计方案在实际使用中暴露问题。

(2) 设计单位选择不当。选用缺乏经验的设计单位，导致设计方案频繁修改，影响项目进度与质量。

(3) 忽视成本控制。过度追求豪华设计，导致投资超支与运营成本过高。

3.1.5　招标采购及合同管理

1. 管理目标

招标采购管理是养老项目建设的重要环节，其核心目标是通过科学、规范的管理，确保采购活动合法合规、经济高效，同时满足项目在质量、功能和时间上的需求。具体目标如下：

1) 合规性目标

(1) 遵循法律法规。确保招标采购活动严格遵循《中华人民共和国招标投标法》及其实施条例等国家法律法规，以及地方政策和行业规范。

(2) 符合政策要求。针对养老项目的特殊性，确保招标采购行为符合政府对养老服务设施建设的扶持政策和资金使用规定。例如，对于享受政府补贴的项目，需确保资金使用符合政策范围，杜绝挪用或滥用。

2) 性价比目标

(1) 合理价格与优质资源。通过充分的市场调研和竞争机制，以合理的价格获取满足项目需求的优质货物、工程和服务。例如，在采购养老护理设备时，既要考虑设备的质量和性能，又要对比价格，选择性价比最高的产品。

(2) 全生命周期成本控制。综合考虑采购价格及后期运营、维护、更换等成本。例如，选择耐久性强、维护成本低的外墙材料，以降低项目的长期运营成本。

3) 质量与适配性目标

(1) 高标准质量要求。确保采购的物资、工程和服务质量符合养老项目的高标准要求。例如，建筑结构须满足安全标准，无障碍设施需充分考虑老年人使用需求。

(2) 功能适配性。采购内容需与项目的定位、规模和功能需求高度适配。例如，针对失智老人照护项目，重点采购有助于康复训练和健康监测的设备。

4) 时间效率目标

(1) 合理计划与按时完成。制订详细的招标采购计划，确保各项任务按时完成，不影响项目整体进度。例如，提前规划建筑材料的采购时间，确保施工时材料及时到位。

(2) 流程优化与效率提升。通过电子招标平台等工具优化流程，减少时间消耗，提高工作效率。

2. 工作内容

1) 招标策划与方案制订

(1) 确定招标范围。根据项目规划和建设进度，明确工程施工、货物采购及服务采购的范围。例如，新建养老社区需明确建筑主体工程、养老设备及护理服务的招标内容。

(2) 制订招标计划。明确招标公告发布、报名截止、开标、评标及合同签订等时间节点，合理安排招标顺序，确保各环节衔接顺畅。

(3) 编写招标文件。编制招标公告、投标人须知、技术要求、商务条款及评标标准等内容，确保文件清晰、全面。例如，在护理服务招标文件中需明确护理人员资质、服务质量考核指标等要求。

2) 供应商/承包商资格审查

(1) 严格审查标准。对潜在供应商或承包商的资质、信誉、业绩及财务状况进行全面审查。例如，审查施工单位过往养老项目的施工业绩及质量安全记录。

(2) 多种审查方式相结合。采用资格预审和资格后审相结合的方式，筛选出符合条件的投标人。例如，大型项目先进行资格预审，小型采购可采用资格后审。

3) 招标信息发布与投标管理

(1) 广泛发布招标信息。通过政府指定媒体、行业网站及公共资源交易平台发布招标公告，吸引更多潜在投标人参与竞争。

(2) 投标报名与管理。组织投标报名，解答投标人疑问，确保投标文件完整且保密。例如，设立咨询电话和邮箱，提供详细的招标信息解答。

4) 开标评标定标管理

(1) 公开透明的开标过程。按招标文件规定的时间、地点和程序进行开标，邀请所有投标人代表参加，确保过程公开透明。

(2) 组建评标委员会。由技术、经济、法律专家及建设方代表组成评标委员会，依据评标标准对投标文件进行综合评价。

(3) 确定中标候选人。根据评标结果确定中标候选人，进行公示并与中标人签订合同，确保合同条款与招标文件一致。

5) 中标及合同管理

(1) 技术方案与报价审查。审查中标候选人的技术方案、材料设备技术参数及投标报价，提出优化建议。

(2) 合同起草与履约管理。负责合同起草、谈判及签订，管理合同履约、变更及索赔，分析合同风险并制订应对措施。

3. 管理要点

1) 需求精准界定要点

(1) 深入需求调研。与建设方、运营方及老年人代表进行充分沟通，精准把握项目需求。例如，通过座谈会了解老年人对护理服务的具体要求。

(2) 明确特殊需求。在招标文件中明确养老项目的特殊需求，如无障碍设计要求、适老化设施配备标准等。

2）招标计划及界面管理要点

（1）合理制订招标计划。根据施工进度需求，提前规划招标时间节点，确保招标工作不影响施工进度。

（2）工程界面划分。在总包单位招标时，明确与平行发包单位的施工及管理界面，确保各施工单位能够无缝衔接。

3）市场动态跟踪要点

（1）关注市场变化。定期收集养老设备价格行情、新技术应用及供应商生产能力等信息，为招标采购决策提供依据。

（2）建立信息库。整理市场动态信息，建立完善的信息库，便于在招标过程中快速查询和参考。

4）合同管理要点

（1）严谨的合同条款。在合同中明确质量验收标准、售后服务内容等条款，确保合同具有可操作性和可执行性。

（2）合同履行监督。建立合同执行跟踪机制，定期检查合同履行情况，及时发现并解决问题。

5）风险防控要点

识别法律、市场、信用及质量风险，制订相应的防控措施。例如，加强法律法规培训，建立信用黑名单制度。

4. 经验总结

1）精准需求分析与明确招标要求

通过深入调研和广泛征求意见，将项目需求准确转化为招标要求，吸引优质供应商参与投标，确保采购内容能够切实满足项目需求。

2）充分市场调研与合理招标策略

通过市场调研和科学招标策略，在确保质量的前提下实现性价比最优目标。

3）严格资格审查与规范评标程序

建立严格的资格审查标准和程序，确保评标过程公平、公正、公开，避免围标、串标等不良行为的发生。

3.2　项目中期管理

3.2.1　进度管理

1. 管理目标

进度管理的核心目标是确保项目按期完成，涵盖从项目目标确定、组织分工明确、工作问题分析、进度规划调整到进度控制与各方沟通的全过程。进度管理的重要意义主要体现在以下两个方面：

（1）技术支撑作用。进度管理为设计管理、工程标段划分、工程界面划分、材料品牌库选定及招标文件编制等提供技术支撑，通过集成效应，最大化项目的经济效益。

(2) 关键日期对标。在确保质量与安全的前提下，进度管理需确保项目各部分的进度与合同中规定的关键日期严格对标，从而逐步实现有序交付。

2. 工作内容

1) 确定进度管理目标及节点目标

(1) 明确总体目标与关键节点。确定项目进度管理的总体目标及关键节点目标，并向设计院、施工单位等进行进度控制目标交底，确保各方就目标达成共识。

(2) 审核进度计划。审核设计院、施工单位等提交的进度计划，并就计划执行情况向建设单位定期汇报，确保计划科学合理且具备可执行性。

2) 进度计划的实施与监控

(1) 定期检查与对比。在项目进度计划实施过程中，工程咨询单位组织监理部及其他相关单位，按照每周、每月的周期检查实际进度，并与基准进度计划进行对比，以确定是否存在偏差。

(2) 动态调整与反馈。根据实际进度与计划的差异，及时调整资源配置与工作安排，确保项目按计划推进。

3) 偏差分析与纠偏措施

(1) 偏差原因分析。当实际进度滞后于基准进度计划时，工程咨询单位组织监理部及其他相关单位，深入分析偏差产生的原因及其对后续工作的影响。

(2) 采取赶工措施。督促相关单位制订并实施切实可行的赶工措施，在规定时间内消除偏差，确保项目按期推进。

3. 工作流程

进度管理工作总流程如图 3.4 所示。

4. 管理要点

进度管理是确保养老项目按期完成的核心环节，其成功实施依赖于对关键线路的把控、资源的协调、风险的防控以及高效的沟通机制。以下是进度管理的具体要点。

1) 关键线路把控要点

(1) 关键路径法应用。运用关键路径法(Critical Path Method, CPM)确定项目进度计划中的关键线路，明确关键工作任务。例如，在养老项目中，主体结构施工、消防设施安装等通常是关键工作，其延误可能直接影响整体工期。因此，需对这些关键任务给予重点关注和资源保障，确保其按计划推进。

(2) 实时监控与应急响应。实时监控关键线路上工作任务的进度情况，及时发现并解决问题。例如，若混凝土供应商出现供应中断风险，应立即启动应急预案，寻找备用供应商或调整施工顺序，优先保障关键部位的混凝土浇筑，避免关键线路延误。

2) 资源协调要点

(1) 资源统筹与匹配。统筹协调人力、物力和财力资源，确保资源供应与项目进度需求相匹配。例如，根据施工进度计划，提前做好施工人员的招聘、培训和调配工作，确保各阶段有足够的劳动力投入；合理安排建筑材料与设备的采购和进场时间，防止资源短缺或积压情况的发生。

(2) 资源共享机制。建立资源共享机制，提高资源利用效率。例如，在多个养老项目

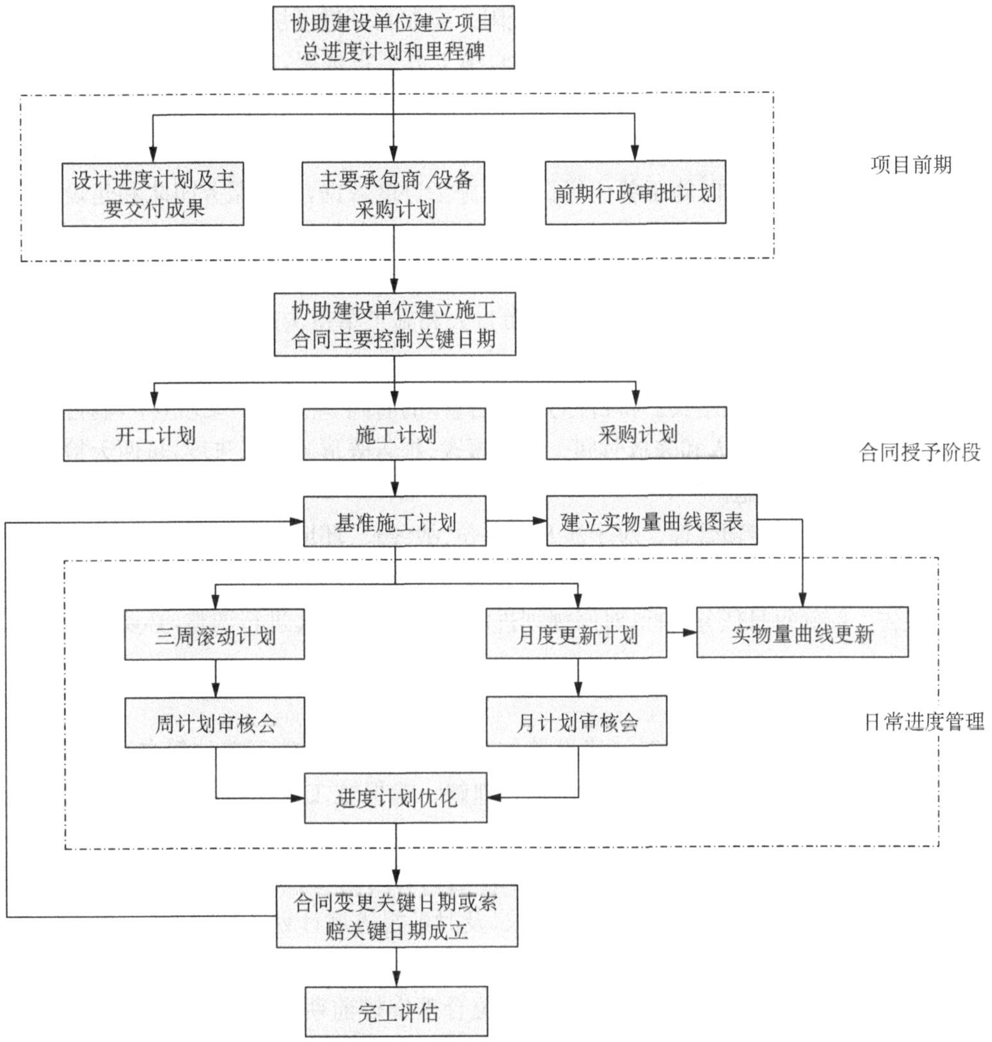

图3.4　进度管理工作总流程

同时建设的情况下，可在不同项目间合理调配施工设备、周转材料等资源，避免重复购置或闲置浪费，在降低项目成本的同时保障各项进度需求。

3）风险管理要点

（1）风险识别与分类。识别项目进度管理中的风险因素，如自然灾害、政策法规变化、设计变更、施工单位管理水平不足等。例如，养老项目所在地可能存在地震、洪水等自然灾害风险，或国家养老政策调整可能导致设计标准发生变化。

（2）风险应对措施。针对不同风险制订相应的应对措施。例如，对于自然灾害风险，可购买工程保险并制订应急预案；对于政策法规变化风险，建立政策跟踪机制，及时调整设计和施工方案；对于施工单位管理水平不足的风险，需加强监督管理并提供技术支持，必要时可更换施工单位。

4）沟通协调要点

（1）高效沟通机制。建立高效的沟通协调机制，确保建设方、施工方、监理方、设计方、运营方及咨询服务方之间的信息畅通无阻。定期召开进度协调会议，及时通报进度情况并解决问题。例如，每周召开一次协调会，施工方汇报进展，监理方提出监督过程中发现的问题，设计方解答疑问，各方共同商讨并确定解决方案。

(2) 信息化工具应用。利用项目管理信息系统，实时共享进度信息与文档资料，提高沟通效率和准确性。例如，施工单位每日录入施工进度数据，咨询服务团队和建设方可随时查看，以便及时掌握最新进展。

5) 现场管理要点

(1) 实时掌握进度。通过及时与现场负责人和施工单位沟通，了解施工中的阻碍，并甄别是否存在虚报进度行为。

(2) 目标分解与责任落实。将目标分解至具体的时间节点及专项工作中，制订销项清单，明确各项任务的责任人和完成时间。通过报表、报告等形式记录进度，每两天检查更新一次，及时采取纠偏措施。

(3) 复杂节点的专项管理。对于涉及多单位、战线长、环境复杂的节点(如连廊开通及消防验收)，安排专人专项负责现场管理，每天验收进度完成情况，协调施工界面划分，形成清单式报告。明确每日任务目标，对照规划进度，督促施工方案进行调整，必要时召开现场协调会。

6) 调动执行能力要点

(1) 协调各方资源。积极对接建设单位、勘察设计单位、施工单位等参建方，及时解决技术问题，统一各方对需求和设计方案的理解。确保施工严格按照图纸进行，协调总包、分包的工程进度，排除施工过程中的干扰和矛盾点。

(2) 问题分析与纠偏。协助分析施工单位遇到的问题，纠正偏差，必要时调整任务进度。积极对接建设单位，了解使用功能要求，及时汇报进度计划和变更，并提出科学合理的建议，预防后期设计变更对进度造成不利影响。

(3) 前期准备与施工推进。协助建设单位合理安排前期准备工作，推动项目尽早进入施工阶段。

5. 经验总结

在进度管控过程中，通过以下措施有效控制偏差并推进项目进度：

(1) 管控手段。通过组织统筹会议、约谈施工单位负责人，以及发催办函、工作指令单、工作联系单等方式，确保进度目标得以实现。

(2) 固化管控机制。建立“组织架构—明确目标—任务分解—过程管控—纠偏反馈—总结后评价”的固化管控机制，简化管理层次，优化管理过程，提高管理效率。

(3) 制度优化与推广。在养老项目中固化的制度将在新项目中实践，并根据最新的工程情况进行适当调整，以实现管理能力的持续提升。

3.2.2 投资管理

1. 管理目标

投资控制是养老项目建设中的核心环节，其管理目标贯穿项目的全生命周期，旨在通过科学的管理手段，确保投资效益最大化。具体目标包括：

（1）全过程投资控制。将投资控制目标分解到项目的各个阶段，建立预警指标体系，主动控制影响投资的关键因素，从而提升项目管理水平。

（2）“三不超”原则。确保概算不超过估算、预算不超过概算、结算不超过预算，有效解决工程建设过程中投资确定与控制、技术与经济、经营与管理等方面的实际问题。

（3）提高投资效益。合理配置并高效使用人力、物力和财力，实现全过程咨询的有效投资控制，确保每一分钱都花在刀刃上。

（4）总结经验。在项目实施过程中，找出存在的主要问题，剖析难点及原因，总结主要经验教训，为后续项目提供有益的借鉴。

2. 工作内容

投资控制的工作内容涵盖项目的各个阶段，从决策到设计、招标、施工、结算，旨在确保每一环节的投资都处于可控范围。具体工作如下：

（1）确定投资控制目标。制订投资管理制度、措施和工作程序，确保决策、设计、招标、施工、结算各阶段的投资控制目标明确且具备可执行性。

（2）设计概算审核。配合发改委、评审中心进行概算评审，控制设计单位的限额设计，确保设计方案在投资限额内。

（3）造价咨询管理。组织概算全面审查工作，参考同类工程的经济指标，确保概算编制科学合理。

（4）工程量清单与招标控制价审核。审核造价咨询单位编制的工程量清单、标底及控制价，确保其准确性，避免因报价不合理而导致的投资失控风险。

（5）工程进度款支付审批。审核工程变更及签证事项，建立投资控制台账，定期提交投资控制报告，确保每一笔款项的支付都合理合规。

（6）结算与决算管理。负责工程结算的审核工作，并配合审计局进行审定，提交结算审核事项表，参与结算资料的整理与归档。

（7）投资控制月报与总结。每月提供投资控制月报，竣工验收后提交投资控制工作总结，分析概算与结算的对比情况，提出优化改进建议。

3. 管理要点

投资控制的管理要点贯穿项目的各个阶段，旨在确保每一环节的投资都在可控范围内。具体要点如下：

1）设计阶段投资控制

（1）推行限额设计。在设计任务书中明确投资限额，优化设计方案，合理选用建筑材料和设备，确保设计阶段的投资不超出预算范围。

（2）加强经济比选。对不同设计方案进行经济分析和比较，选择综合成本最低的方案，确保设计方案的经济性。

2）招标采购阶段投资控制

（1）编制严谨的招标文件。明确招标范围、技术要求、商务条款及评标标准，防止报价不合理或围标现象的发生。

（2）合理确定合同价格形式。根据项目特点，合理选用固定总价、固定单价或可调价格的合同，合理控制价格调整风险。

3）施工阶段投资控制

（1）严格控制工程变更。建立严格的变更审批制度，评估变更对投资的影响，确保变更后的投资增加在可接受范围内。

（2）加强施工现场管理。减少施工过程中的浪费现象，避免因工期延误导致的额外费用支出。

4）运营筹备阶段投资控制

（1）合理规划运营筹备费用。详细规划人员招聘与培训、开业宣传、运营物资采购等费用，控制成本。

（2）注重运营模式与投资效益的匹配。选择能够实现投资效益最大化的运营模式，确保项目在良好运营的同时实现盈利。

4. 经验总结

在投资控制过程中，通过以下措施能够有效控制投资偏差并提升投资效益：

（1）建立合理的组织架构。明确建设方与全过程项目管理团队的职能分工，设置专人负责投资控制工作，做到主动与动态的投资控制。

（2）明确投资控制目标。分阶段设置投资目标，确保目标设定具有先进性、准确性和前瞻性。

（3）严控项目决策及设计阶段。决策阶段和初步设计阶段对项目投资影响最大，需重点关注这两个阶段，确保投资控制的源头管理。

（4）形成主动与动态的控制思路。全过程咨询团队应主动预测偏差，采取预防措施，动态分析投资情况，确保投资控制的及时性和有效性。

（5）加强现场变更与签证的管理。建立完善的变更流程和制度，确保变更管理得到有效落实，避免因变更导致的投资失控风险。

3.2.3 工程技术管理

1. 管理目标

1）质量保障目标

确保养老项目的工程建设质量符合国家及地方相关标准规范，如《老年人照料设施建筑设计标准》(JGJ 450—2018)、《养老机构服务安全基本规范》(GB 38600—2019)等，以满足老年人在居住、生活、医疗护理等方面的特殊需求。例如，要保证养老建筑的结构安全稳固，能抵御自然灾害；室内装修材料环保无毒，不会对老年人身体造成危害；电气系统安全可靠，避免发生漏电等事故；给排水系统正常运行，无漏水积水现象，为老年人提供安全、舒适的生活环境。

追求卓越的工程质量，打造高品质养老项目，以提升项目的市场竞争力和社会声誉。通过采用先进的施工工艺和高质量的建筑材料、设备，使养老项目在设施的耐久性、功能性、舒适性等方面表现出色，从而吸引更多老年人入住，同时也为运营方创造良好的运营条件。例如，选用优质的无障碍设施，如平滑且防滑的地面材料、符合人体工程学的无障碍通道扶手等，以方便老年人行动；安装高效的通风与空气净化系统，为老年人提供清新健康的室内空气。

2）技术创新目标

积极引入适用于养老项目的新技术、新工艺和新材料，提升项目的科技含量与智能化水平。例如，应用智能健康监测系统，实时监测老年人的生命体征数据，并及时将这些数据反馈给医护人员；采用节能照明技术，在降低能源消耗的同时，为老年人营造适宜的光照环境；推广绿色建筑材料，减少对环境的污染，并提升室内空气质量，从而提升养老项目的服务质量和运营效率，为老年人提供更便捷、高效、个性化的服务。

鼓励项目团队在工程技术管理过程中进行技术创新和改进，解决养老项目中的技术难题，形成可推广的技术经验和成果。例如，针对养老项目中老年人容易走失的问题，研发具有定位追踪功能的智能手环，并与养老社区的监控系统联动，这样不仅保障了老年人的安全，也为其他养老项目提供了可复制的解决方案。

3）安全与风险控制目标

建立健全工程技术安全管理体系，加强施工过程中的安全管理，预防和减少安全事故的发生。严格监督施工单位落实安全生产责任制，确保其遵守安全操作规程，对施工现场的安全防护设施、施工机械与设备的安全运行等开展定期检查和维护。例如，确保脚手架搭建牢固、塔吊等特种设备定期检验合格、深基坑支护符合安全要求等，切实保障施工人员的生命安全和养老项目的顺利建设。

识别和评估养老项目在工程技术方面的风险，如新技术应用风险、设计变更风险、施工质量风险等，并制订相应的风险应对措施。例如，针对新技术应用风险，在应用前进行充分的可行性和试点试验，评估其对项目质量、进度和成本的影响；针对设计变更风险，建立严格的变更审批流程，分析变更对工程技术的影响并及时调整施工方案，确保变更后的工程符合技术要求且风险可控。

2. 工作内容

针对工程实施阶段的特殊构造、复杂工艺及关键施工节点，需系统审查技术方案并开展可行性评估，及时解决施工中遇到的设计难题，持续优化工程设计方案。同时，需对创新施工技术、先进工艺及新型建材组织专项论证，并对核心建材、关键设备及重要工艺进行实地考察与技术评估，最终形成专业技术建议或专项咨询报告。此外，需统筹设计单位向监理和施工方进行专业技术交底，强化重点施工环节的质量管控，妥善处置工程建设中出现的重大技术质量缺陷。

3. 管理要点

1）适老化技术要点

在工程技术管理中始终贯穿适老化理念，将老年人的生理、心理特点和特殊需求融入设计、施工和设备选型等各个环节。例如，在建筑设计方面，合理规划老年人居住空间，确保房间有足够的采光和通风，设置位置明显且便于操作的紧急呼叫按钮；卫生间采用防滑地面、坐式淋浴设施和带扶手的马桶与洗手盆，方便老年人使用；在公共区域设置无障碍通道、休息座椅、标识引导系统等，满足老年人出行和活动需求。

关注适老化设施设备的质量和可靠性，严格把关其采购、安装和调试环节。例如，对养老项目中使用的无障碍电梯进行严格筛选，确保电梯的轿厢尺寸、门宽、操作按钮高度等符合老年人使用要求，同时电梯应具备运行平稳、安全可靠、应急救援功能完善等特点；

对老年康复设备的选型要根据老年人的康复需求和身体状况进行精准匹配，确保设备能够有效辅助老年人进行康复训练，且操作简单安全。

2）多专业协同技术要点

由于养老项目涉及建筑、结构、给排水、电气、暖通、医疗、智能化等多个专业领域，故需建立高效的多专业协同工作机制。例如，通过定期召开多专业协调会议，组织各专业技术人员对项目中的交叉技术问题进行沟通讨论，制订统一的技术解决方案，确保各专业系统在设计和施工过程中协调一致，避免出现“错、漏、碰、缺”等问题。

利用BIM等技术手段实现多专业协同设计和施工管理。各专业技术人员在BIM模型中协同工作，能够直观地展示建筑空间布局、设备管线走向等信息，提前发现并解决专业间的冲突和矛盾，从而提高设计质量和施工效率。例如，在BIM模型中进行电气管线与给排水管线的综合布置，优化管线路由，减少施工过程中的管线调整和返工。

3）技术变更管理要点

建立严格的技术变更审批流程，明确变更的发起、审核、批准权限和程序。任何技术变更都应经过充分的技术论证和经济分析，评估其对项目质量、进度、成本和安全等方面的影响。例如，对于设计变更，由设计单位提出变更申请，建设方组织咨询单位、施工单位、监理单位等相关方进行技术评审和经济核算，只有在变更的必要性得到确认且对项目整体影响可控的情况下，才能批准变更并及时更新相关图纸和文件。

加强对技术变更实施过程的跟踪和监督，确保变更后的技术方案得到有效执行。例如，施工过程中发生技术变更时，施工单位应按照变更后的施工方案进行施工，监理单位应对变更实施情况进行全程监督，记录变更实施过程中的关键数据和问题，及时反馈给建设方和咨询单位，以便对变更效果进行评估和总结。

4）技术资料管理要点

重视工程技术资料的收集、整理、归档和保管工作，确保技术资料的完整性、准确性和及时性。技术资料包括设计图纸、设计变更文件、施工方案、施工记录、质量检验报告、设备说明书等，这些资料是项目建设过程的真实记录，也是项目竣工验收、运营维护和技术改造的重要依据。例如，安排专人负责技术资料的管理工作，按照项目建设阶段和专业分类建立资料档案，定期对资料进行整理和归档，确保资料的有序存放和方便查阅。

建立技术资料数字化管理平台，实现技术资料的信息化存储、传输和共享。利用数字化平台可以提高技术资料管理的效率和安全性，便于项目各方随时随地查阅和调用相关资料，同时也便于对资料进行备份和长期保存。例如，通过建立基于云存储的项目技术资料管理系统，项目团队成员可以通过互联网登录系统查看、下载和上传技术资料，实现了技术资料的高效共享和协同管理。

4. 经验总结

（1）以适老化需求为导向的技术管理是提升养老项目品质的关键。在项目设计阶段充分考虑老年人的特殊需求，采用先进的适老化技术和设施，如无障碍设计、智能健康监测系统等，能够为老年人营造安全、舒适、便捷的居住环境，提高老年人的生活质量和满意度。例如，某养老项目通过精心设计的无障碍通道、带扶手的卫生间和智能呼叫系统等设施，得到了入住老年人及其家属的高度认可，项目入住率快速提升，树立了良好的品牌形象。

(2) 多专业协同和技术创新有效推动了养老项目的发展。利用BIM等技术手段加强多专业协同工作,能够减少设计和施工中的错漏及返工,提高项目建设效率和质量;积极开展技术创新和应用,引入新的技术和设备,如节能照明系统、绿色建筑材料等,不仅提升了项目的科技含量和环保水平,还降低了项目的运营成本。

(3) 严格的技术变更管理和完善的技术资料管理保障了项目的顺利进行。建立规范的技术变更审批流程,能够有效控制技术变更对项目的不利影响,避免因随意变更导致的质量问题、进度延误和成本增加;重视技术资料的管理工作,确保资料的完整性和准确性,为项目的竣工验收、运营维护和技术改造提供了有力支持。

(4) 忽视适老化技术要求导致项目功能缺陷。在一些养老项目中,如果在设计和施工过程中没有充分考虑老年人的特殊需求,如无障碍设施设置不合理、室内装修材料不环保等,不仅会给老年人的生活带来不便甚至安全隐患,还会影响项目的使用功能和市场竞争力。例如,某养老项目的卫生间因扶手设置不足、地面防滑处理不到位,导致老年人在使用过程中多次摔倒,引发了家属的不满和投诉,对项目声誉造成负面影响。

3.2.4 现场施工管理

1. 管理目标

(1) 质量管理目标:树立质量控制思想,"质量第一"是根本出发点,秉持预防为主以及为建设单位服务的思想,做到用数据说话,确保所有工程均达到一次验收合格率100%。

(2) 安全文明施工管理目标:依据"安全第一,预防为主"的方针,安全至关重要,生产必须保证安全,领导要高度重视安全。在布置、安排、检查、总结任务时,必须将安全纳入考量。

(3) 按"五无"标准(无死亡、无重伤、无火灾、无中毒、无倒塌),严格依照原建设部"一标三规范"组织施工,创建安全生产、文明施工优良样板工地。

(4) 环境保护管理目标。深入贯彻落实科学发展观及国家节能减排战略,致力于建设资源节约型、环境友好型社会。

2. 工作内容

对项目实施过程进行质量、进度、安全及文明施工管理。建立高效的项目管理协调机制,定期组织召开工程例会,协调解决施工过程中各参建单位(建设单位、施工单位、监理单位、设备供应商等)之间出现的问题,如施工进度偏差、交叉作业干扰、设计变更等,确保工程顺利推进。

对施工现场进行日常巡查,监督施工单位严格按照施工图纸、施工规范及合同要求开展施工,重点关注养老设施关键部位和工序的施工质量,如老年人卧室的装修质量、无障碍设施的安装精度等,及时发现并纠正质量问题,必要时下达整改通知书。

3. 工作流程

施工管理工作总流程如图3.5所示。施工管理工作从全过程咨询项目部组织的第一次工地会议(各主要参建单位已进场)开始,直至组织并参与养老项目竣工验收为止,施工管理主要包括场地管理、质量管理、安全文明施工管理、环境保护管理四个方面的工作。施工管理工作的总体思路为PDCA——策划(Plan)、实施(Do)、监督检查(Check)、反馈改进(Action)。施工阶段内的采购合约管理、设计管理、进度控制、投资控制工作可参照其他工作模块流程和规定执行。

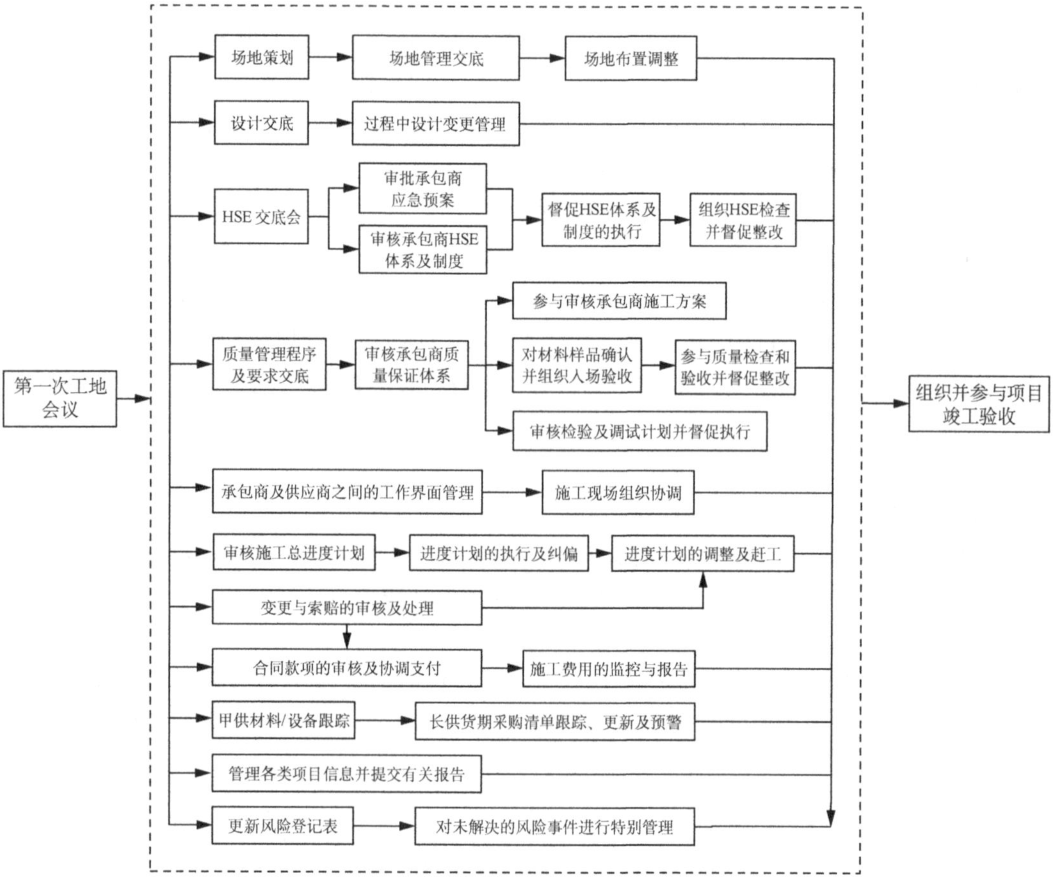

图3.5　施工管理工作总流程

场地管理工作流程如图3.6所示。场地管理包括整体测量、交通组织、安保管理、临时设施和监控管理。场地管理主要分为四个步骤:策划、实施、监督检查和调整改进,是一个循环的过程。场地管理的监督检查工作由参建各方相关人员共同组成督导组负责,其主要任务是监督检查各项策划工作的落实情况及存在的漏洞,并提出调整改进建议。全过程咨询服务团队根据建议修订策划方案并颁布。

施工质量管理总流程如图3.7所示。施工组织设计(方案)审批流程如图3.8所示。

4. 管理要点

1) 人员管理要点

注重施工人员的技能培训与提升。养老项目涉及一些特殊的施工工艺和设施设备安装,例如无障碍设施安装、适老化装修等,这要求施工人员具备相应的专业技能。需根据养老项目的施工需求,有针对性地组织施工人员进行技能培训,邀请行业专家进行授课和

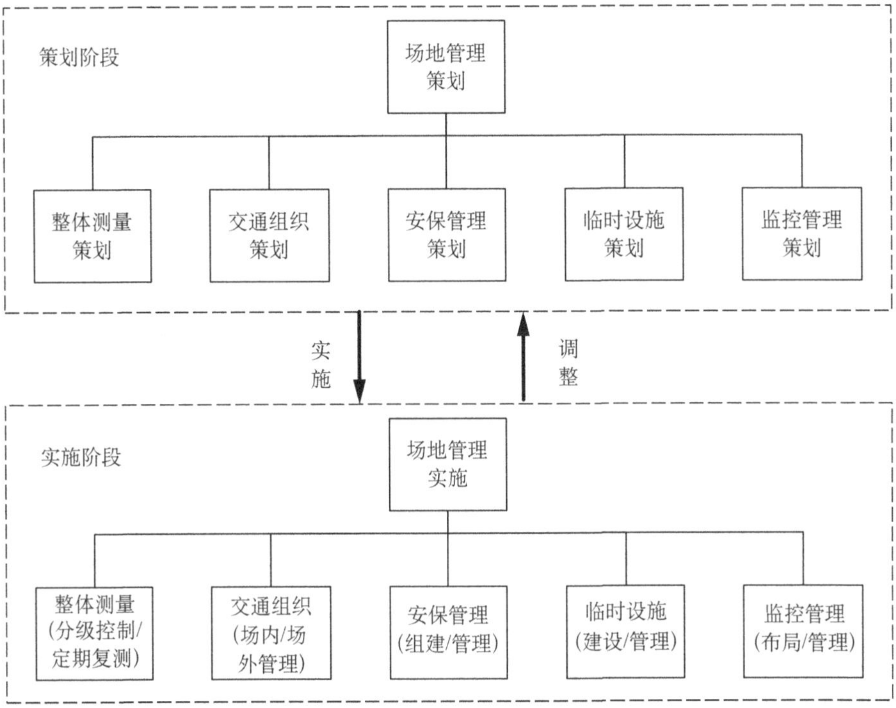

图 3.6 场地管理工作流程

现场指导，确保施工人员熟练掌握养老项目的施工技术和工艺要求，进而提高施工水平，确保项目建设质量。

2）物资管理要点

加强对物资质量的源头控制。在物资采购环节，严格筛选供应商，对供应商的资质、信誉、生产能力、产品质量等进行全面评估，选择优质的供应商作为合作伙伴；在签订采购合同时，明确物资的质量标准、验收方法、质量保证期等条款，确保采购的物资质量符合要求；对重要物资或关键设备，实行驻厂监造或到货检验制度，安排专业人员在物资生产过程中或到货后，进行质量检验和监督，防止不合格物资进入施工现场，从源头上保障项目建设质量。

3）施工协调要点

建立高效的沟通协调机制。施工现场涉及多个施工单位、监理单位、建设单位等多方主体，建立高效的沟通协调机制至关重要。可以通过定期召开施工现场协调会议、建立项目微信群或使用专门的项目管理软件等方式，加强各方之间的信息交流与沟通，及时通报施工进展情况、协调解决施工中出现的问题。例如，每周召开一次施工现场协调会议，由建设单位主持，施工单位、监理单位等各方参加。会议上各方汇报本周施工情况、存在的问题及下周工作计划，共同商讨解决方案，明确责任人和解决时间，确保施工过程中的问题得到及时妥善的处理。

注重施工协调的前瞻性和灵活性。在施工协调过程中，要充分考虑养老项目的施工特点和各种可能出现的情况，提前制订应对措施和协调方案，体现一定的前瞻性。例如，

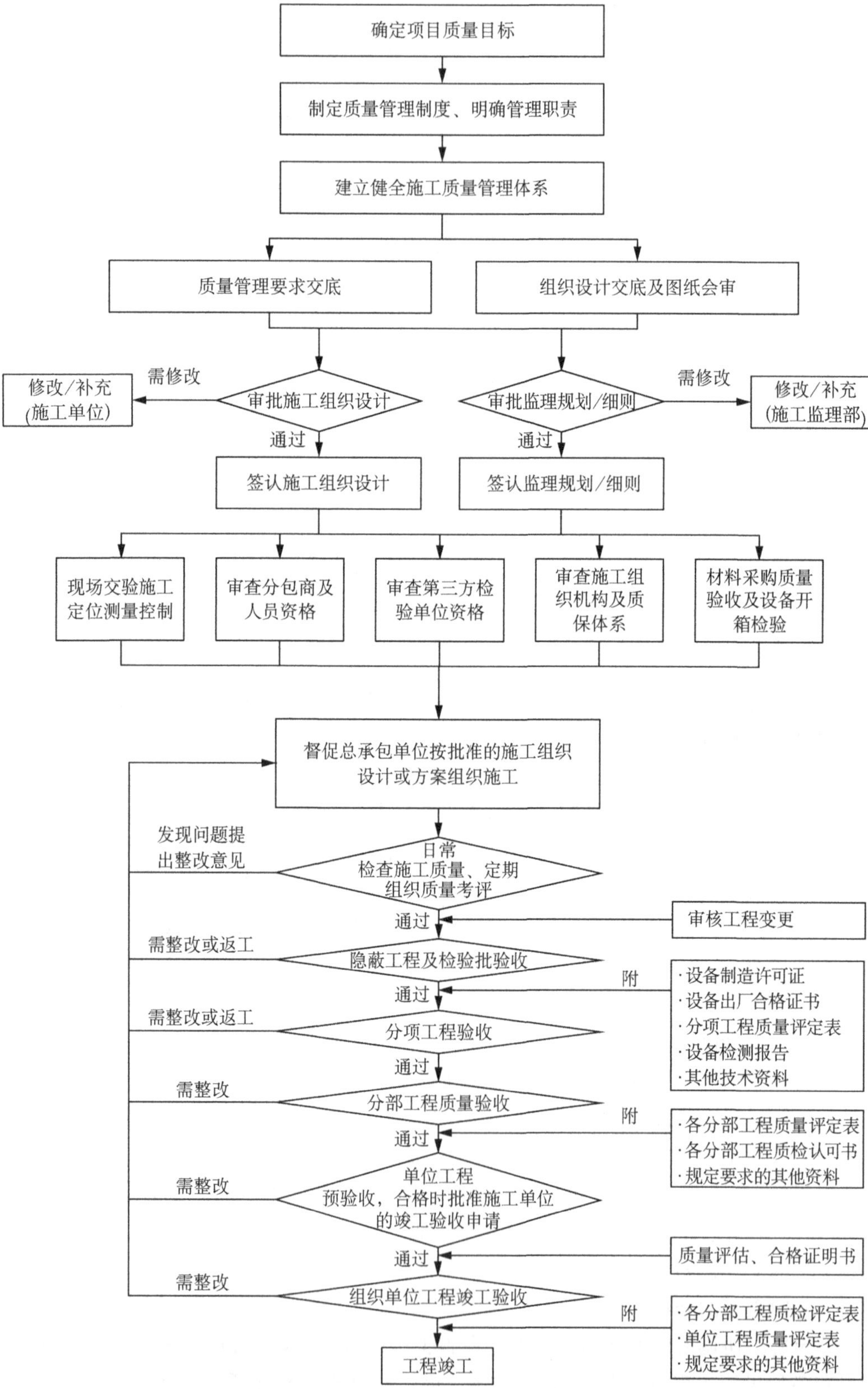

图 3.7　施工质量管理总流程

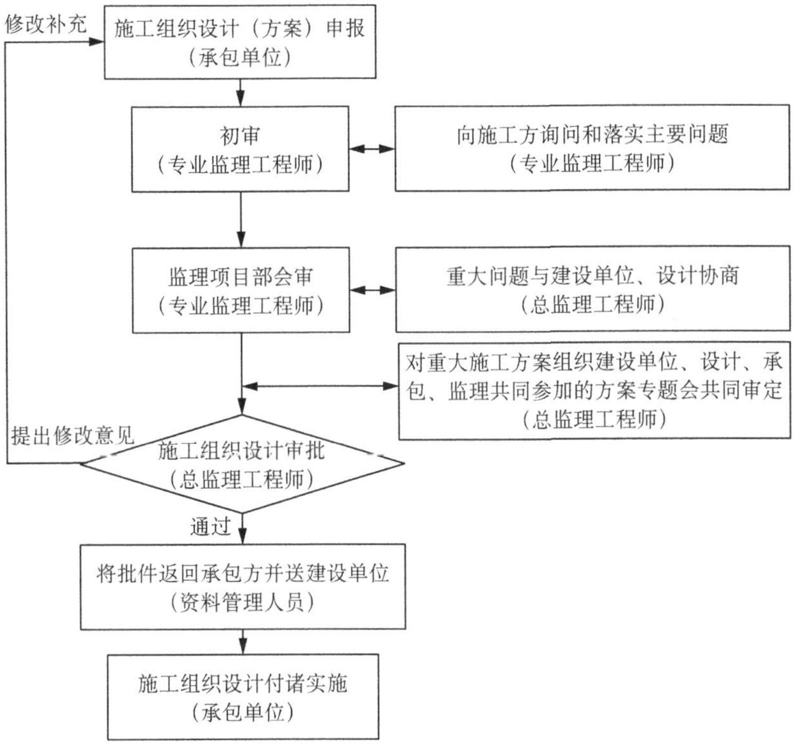

图3.8　施工组织设计(方案)审批流程

在制订施工进度计划时，要预留一定的弹性时间，以应对可能出现的设计变更、恶劣天气等不可抗力因素对施工进度的影响；同时，在协调施工顺序和资源分配时，要根据实际施工情况及时进行调整和优化，保持灵活性，确保施工过程的顺利进行。

4）安全隐患预防体系

安全隐患预防体系是项目八个安全体系中最为重要的体系，对安全管理结果的影响最为直接。安全隐患预防体系是施工单位安全管理能力的重要体现，但任何成功的安全隐患预防体系都必须是全咨项目部与施工单位项目部共同努力的成果。

5. 经验总结

由于项目规模大、周期长、风险高，现场施工管理面临的困难错综复杂。作为项目全咨单位，唯有站在系统管理的高度，做好质量、安全管理的顶层设计，运用科学的体系化管控思维，才能保障项目工作平稳健康推进。但是，体系化质量、安全管控有效的前提，是项目全咨单位能组建一支有主心骨、有责任心、有积极性、有管控力的施工管理团队，该团队需能有效联系建设方、施工单位以及一切质量安全管理的积极力量，通过严谨履职、持续推进，最终实现项目管理目标。

3.2.5　BIM管理

1. 管理目标

BIM管理作为项目管理咨询服务中的重要环节，旨在通过针对性的项目级BIM实施管理，实现咨询目标，提升项目整体管理水平。具体目标包括：

(1) 满足招标文件需求。确保BIM实施管理工作符合招标文件中对于项目BIM应用的需求与要求，使BIM应用与项目目标一致。

(2) 提升设计管理质量。提供基于项目管理的BIM咨询及技术审查服务，协助提高设计管理质量，同步把控项目进度及投资，确保项目高效推进。

(3) 辅助项目管控。通过BIM技术辅助项目管理方对安全、质量、进度进行全面管控，并通过数字化移交及应用，实现基于BIM的可视化信息交互，提升项目品质。

(4) 符合建设方标准。确保养老项目BIM实施管理的质量符合建设方的要求及标准，为项目提供高质量的BIM技术支持。

2. 工作内容

BIM管理的工作内容涵盖从BIM应用的组织落实、方案审核到模型审查、管线优化及工程咨询的全过程，确保BIM技术在项目中发挥最大价值。具体工作包括：

(1) 组织BIM应用工作。组织落实项目BIM应用工作，确保BIM价值的实现，对项目BIM实施进行综合管理。

(2) 审核BIM实施方案。审核项目BIM总体实施方案和各专项实施方案，规范BIM实施的软硬件环境，审核招投标文件中的BIM专项条款，确保BIM实施管理细则、标准和规范具有科学性与可操作性。

(3) 审查BIM模型文件。审查建筑、结构、机电专业模型及各专业综合模型，确保模型深度符合各阶段设计深度要求，相关文档和数据完整准确。

(4) 审查BIM成果。审查BIM可视化汇报资料、管线综合BIM模型成果、BIM工程量清单及“冲突检测”报告，确保BIM成果的质量和实用性。

(5) 管线综合分析与优化。基于BIM进行管线综合分析，优化调整管线布局，提供系统解决方案，确保管线设计的合理性与高效性。

(6) 基于BIM的工程咨询。建立BIM实施的协调机制及评价体系，负责BIM管理平台的管理，实现项目各参与方的协同工作，开展基于BIM的技术审查、项目例会等工程咨询工作。

(7) 成果验收与报告提交。审查BIM成果是否符合建设单位的BIM实施管理标准和要求，并协助编制《BIM实施导则》，提交审查报告并负责成果验收。

3. 管理要点

BIM管理的成功实施依赖于标准规范的统一、数据安全的保障、人员能力的提升以及应用深度的拓展。具体要点如下：

1) 标准规范统一要点

(1) 建立BIM标准规范体系。制定适用于养老项目的BIM标准规范体系，涵盖数据交换标准、模型创建标准、信息分类标准及编码规则等内容，确保BIM模型的一致性和兼容性。

(2) 严格执行标准规范。在项目启动阶段组织BIM标准规范培训，定期检查各参与方的BIM工作成果，确保BIM模型的质量和应用效果。

2) 数据安全管理要点

(1) 建立数据安全管理制度。明确数据的访问权限、存储安全及传输安全要求，通过BIM数据管理平台设置用户权限，防范未经授权的访问和数据篡改。

(2) 采用数据加密与备份技术。对BIM模型中的敏感信息进行加密处理，定期备份数据并存储在不同地理位置，确保数据的安全性和可恢复性。

3) 人员能力提升要点

(1) 加强BIM技术培训。对项目参与方人员开展BIM软件操作、模型创建与管理、协同工作方法等方面的培训，提升其BIM应用能力。

(2) 组建BIM核心团队。从各参与方中选拔BIM专业人才，组建BIM核心团队，负责标准规范制定、模型审核及技术难题解决等关键工作。

4) 应用深度拓展要点

(1) 拓展BIM应用领域。从可视化展示和碰撞检查向更高级的应用领域发展，如开展建筑性能分析、设备运行状态监测、健康数据分析等，提升BIM的应用价值。

(2) 探索BIM与新技术融合。鼓励各方积极探索BIM与虚拟现实(Virtual Reality, VR)、增强现实(Augmented Reality, AR)、地理信息系统(Geographic Information System, GIS)等技术的融合，为项目提供更全面的技术支持。

4. 经验总结

目前，国内BIM理论体系已较为成熟，关键在于如何重视、推广并有效实施BIM技术。特别是在政府投资工程中，BIM应用已得到广泛重视，但在运维阶段的应用仍显不足。为此，建议在项目策划阶段明确BIM在运维阶段的应用要求，确保BIM技术在全生命周期中发挥最大价值。通过BIM技术的深入应用，不仅可以提升项目的设计、施工和运营效率，还能为老年人营造更加安全、舒适、智能化的居住环境。

3.3 项目后期管理

3.3.1 档案与信息管理

1. 管理目标

在信息管理团队的统筹下，借助专业信息管理软件实现信息实时共享，提高信息传递与审批效率，从而对工程项目信息进行高效管理。此举旨在减少因沟通不畅导致的失误，提升整个项目的运行效率。此外，信息管理团队还需对项目的资料档案进行收集、归纳和整理，确保日常工作中的信息处理效率得到显著提升。

同时，系统构建工程项目全周期档案管理体系，在咨询服务结束后，需将全部工程文档进行分类整理与系统汇编，并按规定程序向委托方及相关主管部门进行完整移交。档案管理全过程应严格执行保密制度，未经授权不得披露任何涉及工程项目的机密信息。

2. 工作内容

(1) 信息管理软件的应用。运用专业化的工程信息管理系统及数字化技术平台，按照时序、主题及属性等维度对项目数据进行系统分类、标准化编码与智能归档，以实现项目信息的高效查询、协同共享、快速流转与在线审批。此外，须完整保存所有与工程项目关联的电子文档及纸质档案资料，确保其可追溯性直至项目最终交接完成。

(2) 工程档案的编制与移交。统筹指导勘察、设计、监理及施工等参建单位的工程文档编制工作，监督各责任主体完成符合标准的竣工文件准备工作。在工程竣工验收阶段，系统开展竣工资料的汇总、分类与编目工作，并组织完成档案专项验收及移交程序。

(3) 工程建设信息的监督与管理。运用智能化工程管理信息系统，对项目全周期的质量管控、安全生产、文明施工等关键数据进行实时共享、快速传递、动态监控、及时反馈与系统化管理。

3. 管理要点

(1) 公共信息管理。组织建设过程中照片、视频等影像资料的采集、整理和归类工作，总结项目管理模式、招投标、质量安全管理、技术创新、信息化等方面的亮点工作。

(2) 信息化应用管理。基于互联网开展信息技术应用（包括大数据等）管理，借助先进的信息管理软件或信息技术平台，对工程建设过程中的各类信息进行高效管理。

(3) 数字化平台应用。开发和利用BIM、大数据、物联网等现代信息技术和资源，提升信息化管理与应用水平，为全过程咨询业务提供保障。

(4) 智慧工地建设。督促相关参建单位落实建设方关于“智慧工地建设”的要求，确保智慧工地设备的监测数据按要求接入智慧工地系统。

(5) 督促施工单位制订智慧工地实施方案，完成视频监控、塔吊监测、升降机监测、配电箱监测、车辆识别、环境监测、实名管理等设备的接入，并定期进行抽查巡检。

(6) 组织项目实施单位及设备供应商根据建设方要求及相关标准，开放机电设备、智能化检测设备的检测数据接口，并将其接入建设方的相关监测平台。

4. 档案信息管理

项目前期阶段，构建工程信息与档案管理标准化框架，制定统一的文档管理规范及业务执行标准。依托数字化管理平台，搭建高效的信息交互渠道，实现勘察设计文件的动态归集与定向分发，定期生成项目进度报告，协同业主单位推进信息化系统部署，并组织月度档案管理专项会议。

项目实施阶段，需全面协调各参建方的文档管理工作，构建项目文档管理标准化体系，具体包括：开展参建方文档专员技能培训及系统账户管理工作；指导并核查各参建方工程分部划分的合理性、标准化程度及系统性；监督项目文档资料的完整度、时效性与合规性；主导工程文档预验收流程并获取相关批复文件；建立月度文档质量审查机制。

在项目质保期内，安排专职档案管理人员，统筹协调各参建单位完成档案移交与归档工作，并负责整理项目甲方的相关文件资料，确保其符合档案馆、使用方及建设方的归档要求；审核项目各参建单位应进馆移交的档案并完成进馆工作；及时组织项目各参建单位将档案移交使用方和建设方，并完成本单位自身档案资料的整理移交。

5. 经验总结

应用先进的信息管理技术提高工程项目的生产效率，提升工程项目的管理水平与管理能力，是当前建筑业发展的重要课题。对于全过程咨询类项目，全生命周期的档案信息管理需在结合以往监理档案信息管理体系的基础上，融入项目前期管理阶段内容，通过有效的档案收集和信息流通，让决策者能够及时、准确地获取所需信息，进而为工程项目的全过程或各个建设阶段提供可靠的决策支持。

3.3.2 竣工验收及移交管理

1. 管理目标

1）合规交付目标

（1）确保项目合规建设与验收。养老项目的建设必须严格遵循国家及地方相关法律法规、标准规范以及项目设计文件的要求，确保项目顺利通过各类专项验收（如消防验收、环保验收、规划验收等）和竣工验收，并取得合法的交付使用手续。

（2）消防验收。养老建筑的消防设施（如消防水源、消防泵、消防栓、自动喷水灭火系统、火灾报警系统等）必须齐全且功能正常，消防通道需保持畅通，确保符合《建筑设计防火规范》（GB 50016—2014）等相关消防标准要求。

（3）环保验收。项目建设过程中须严格落实环境污染防治措施，确保污水、废气等污染物排放及噪声控制达标，符合环保部门的验收标准，为老年人营造安全、健康的居住环境。

2）竣工档案的整理与归档

对项目建设全过程中的各类文件资料进行系统整理，形成完整、准确、规范的竣工档案，以满足档案管理部门和项目运营管理的要求。

档案内容：包括项目立项审批文件、设计文件、施工图纸、工程变更文件、施工记录、质量检验报告、设备采购合同及说明书、竣工验收报告等。

档案作用：为养老项目的后续运营、维护、改造以及产权登记等提供重要依据。例如，建筑结构设计图纸的归档，可为未来建筑结构加固或改造提供科学依据，确保改造工作的安全性和合理性。

3）质量保障目标

（1）全面质量检查与验收。对养老项目的建筑主体结构、装修装饰工程、机电设备安装工程、智能化系统工程、室外配套工程等各个分项工程进行细致的质量验收，确保项目质量符合设计要求和质量标准，无明显质量缺陷或安全隐患。

建筑主体结构：进行强度检测，确保其能够承受设计荷载和自然灾害的考验。

装饰装修工程：检查墙面平整度、地面防滑性、门窗密封性等，确保室内环境美观且满足老年人的使用需求。

机电设备：对电梯、空调、给排水系统等进行运行测试，确保其运行平稳、可靠，无异常噪声和漏水漏电现象。

智能化系统：检验紧急呼叫系统、视频监控系统、门禁系统等的功能完整性和灵敏度，保障老年人的人身安全和隐私保护。

（2）质量回访机制。在项目交付运营后的一定时期内（如一年或两年），定期对项目质量进行回访，收集运营方和入住老年人的意见和建议，及时解决质量问题，持续保障项目品质。

回访内容：每半年开展一次质量回访，及时对入住老人反馈的房间内设施设备维修问题安排人员进行维修处理，对公共区域的环境质量问题（如绿化养护、道路破损等）进行整改，确保养老项目的整体质量始终处于良好状态。

4）顺利移交目标

（1）制订移交计划与流程。协调建设方、施工方、监理方、运营方等各方主体，制订详细的项目移交计划和流程，明确各方在移交过程中的职责和义务，确保项目从建设阶段顺利过渡到运营阶段，实现无缝对接。

移交内容：施工方在完成竣工验收后，应向运营方提交工程竣工报告、设备清单、操作手册、保修文件等资料，并配合运营方进行现场设备设施的移交和调试。

监理监督：监理方负责对移交过程进行监督，确保移交工作符合相关规定和要求。

建设方协调：建设方统筹协调各方资源，保障移交工作顺利进行。

（2）运营方人员培训。对运营方人员开展系统培训，使其熟悉养老项目的设施设备操作与维护、服务流程与管理等内容，能够独立承担项目的运营管理工作。

培训内容：包括电梯、消防设备、医疗护理设备等重要设施设备的操作方法和应急处理措施，养老服务的标准化流程（如入住登记、餐饮服务、护理服务、康复服务等），以及项目的日常管理（如人员管理、财务管理、安全管理等）知识。

培训目标：提高运营方的运营管理能力和服务水平，确保养老项目移交后能够迅速、稳定地开展运营服务。

2. 工作内容

（1）制订跟踪工作计划。合理安排竣工验收是确保其及时完成的前提条件。为此，必须制订验收和移交专项跟踪工作计划，明确各项任务的时间节点、责任人和具体要求。通过定期反馈工作进展和存在的问题，确保计划中的每一项工作都能按时完成，避免遗漏或拖延。

计划内容：包括验收的时间安排、责任分工、关键节点控制等。

反馈机制：建立定期汇报制度，及时调整计划以应对突发问题，确保验收工作高效推进。

（2）验收及移交策划方案。依据验收与移交的具体内容及责任分工，编制详细的验收移交实施方案。该方案需涵盖专项验收的组织形式、进度安排、验收条件审查、验收文件核验，以及设施移交的组织架构、时间节点、操作流程和移交范围等内容。方案的最终目的是获取相关部门及监管机构对该设施正式投入使用所需的所有最终检验报告、审批文件及合规认证。

专项验收组织：明确各专项验收（如消防、环保、规划等）的责任单位和配合单位。

移交程序：制订清晰的移交流程，确保移交工作有序进行，避免遗漏关键环节。

成果文件核查：对验收过程中形成的文件进行严格核查。

3. 工作要点

1）管理要点。

（1）明确验收标准体系。养老项目的竣工验收需采用统一的标准规范体系，涵盖国家通用标准、地方特色标准以及养老行业特殊标准。

（2）建筑结构标准。遵循《建筑结构可靠性设计统一标准》（GB 50068—2018）等国家规范，同时结合地方要求，如地震设防烈度等，确保建筑安全可靠。

（3）养老设施标准。严格执行《老年人照料设施建筑设计标准》（JGJ 450—2018）等行业标准，确保设施符合老年人的生理、心理特点和使用需求。例如，无障碍通道的坡度、宽度，房间内的紧急呼叫按钮位置等，均须符合相关标准规定，使验收标准具有全面性、科学性和针对性，避免因标准不统一导致验收混乱或争议。

(4) 标准解读与培训。对验收标准进行详细解读和培训，确保竣工验收小组成员、施工方、运营方等各方主体充分理解和掌握标准要求。

(5) 标准更新。在项目实施过程中，及时关注标准规范的更新变化，确保验收工作始终按照最新标准执行。

(6) 培训机制。定期组织标准规范培训会议，邀请行业专家对新发布或修订的标准进行解读，针对养老项目中的重点内容(如消防设施的新要求、适老化设施的标准变化等)进行深入讲解，并通过案例分析等方式加强各方对标准的理解和应用能力，保证验收工作的准确性和有效性。

2) 沟通协调要点

(1) 建立沟通协调机制，加强建设方、施工方、监理方、运营方以及政府相关部门之间的沟通与协作，确保竣工验收及移交阶段信息交流的顺畅。

(2) 通过建立项目沟通微信群、定期召开项目协调会议等方式，确保各方能够及时获取信息，并快速响应问题。

(3) 协同工作。例如，在消防验收过程中，建设方应及时将消防救援机构的验收要求传达给施工方和监理方；施工方反馈整改情况；监理方监督整改过程。各方协同工作，提高验收效率，避免因信息不畅导致的延误或误解。

(4) 明确职责与权限。明确各方在竣工验收及移交过程中的职责和权限，避免出现推诿扯皮现象。

(5) 建设方作为项目的组织者和统筹者，负责协调各方资源，推动验收及移交工作的顺利进行。

(6) 施工方承担工程质量整改的主要责任，需按照验收要求及时完成整改任务。

(7) 监理方负责对验收过程进行监督，并对整改情况进行复查，以确保验收工作符合规范要求。

(8) 运营方积极参与项目移交过程，提出合理需求和建议，并做好接收准备工作。

(9) 政府相关部门依法履行验收监督职责，对项目是否符合相关法律法规和标准规范进行审核。各方各司其职，共同保障项目竣工验收及移交工作的顺利完成。

3) 质量问题整改要点

(1) 制订整改计划。对竣工验收中发现的质量问题进行分类梳理，制订详细的整改计划。计划内容应涵盖问题描述、整改措施、责任单位、责任人和整改期限等。例如，对于建筑装修工程中发现的墙面平整度偏差问题，整改措施可以是重新进行墙面抹灰找平，责任单位为施工方，责任人是施工方项目经理，整改期限为三天。

(2) 机电设备问题。针对机电设备出现的故障类型，制订相应的维修或更换方案，明确维修人员和维修时间，确保整改工作有序进行。同时，建立质量问题整改跟踪机制，对整改过程进行全程监督和检查。

(3) 监督机制。在整改期间，定期检查整改进度，及时解决整改过程中出现的新问题，确保整改工作按时完成且质量符合要求。整改完成后，组织相关人员对整改结果进行复查验收，并形成整改验收报告，该报告将作为竣工验收报告的重要组成部分，以确保养老项目交付时无明显质量缺陷。

4）运营准备衔接要点

（1）满足运营需求。在项目竣工验收过程中，充分考虑运营方的需求和意见，确保项目建设成果能够更好地满足运营要求。

（2）设施设备选型。在设施设备的选型和安装位置确定环节，邀请运营方参与讨论。根据运营方的实际运营经验和服务流程，选择操作便捷、维护简单、性能可靠的设备，并合理规划其安装位置，以便于运营管理和服务开展。

（3）功能布局优化。结合运营方的服务规划，对公共活动区域、居住区域、医疗护理区域等功能区域进行布局优化，提高空间利用率和服务效率，实现项目建设与运营的有机衔接。

（4）提前参与培训。提前安排运营方人员参与项目建设后期的相关工作，使其能够提前熟悉项目情况，掌握设施设备的操作和维护技能。

（5）设备调试协同参与。例如，在电梯调试过程中，安排运营方的电梯管理人员积极参与，跟随电梯调试人员学习电梯的调试方法、运行参数设置、故障诊断与排除等知识，以便在项目移交后能够迅速独立承担电梯的日常管理和维护工作。

（6）系统验收测试。在智能化系统验收测试时，邀请运营方的相关技术人员参与其中，了解系统的功能架构、操作流程、数据管理等内容，为运营方后续的系统维护和升级奠定基础，确保项目移交后运营工作的顺利开展。

4. 经验总结

1）积极推进各专项验收

在竣工验收前，施工单位需按流程通知监理单位开展验收工作，主要包括隐蔽工程及检验批验收、分项工程验收、分部工程质量验收、单位工程验收等。对于养老项目而言，消防验收和竣工验收是专项验收的核心工作。

（1）消防验收。在申报消防验收前，通过专题会、现场协调会等方式强化沟通，推进消防验收工作进展。一方面严格把控现场施工进度、质量和安全管理；另一方面同步完成消防验收申报资料的准备工作。按照计划时间，现场管理需推进各项销项清单的落实，并倒排调试计划，确保消防验收按时完成。

（2）竣工验收。当项目实体基本完成时，由建设单位和全过程咨询单位组织各参建单位开展现场查验。在自检合格的基础上，建设单位向政府部门提交竣工验收申请，并提前做好会议议程、现场实体资料、竣工图、现场查验小组名单等准备工作。竣工验收当天，各参建单位按照建筑组、设备安装组、节能验收组、资料组分别开展工作。在竣工验收总结会上，建管部门针对现场查验问题进行宣贯，并形成纸质文件记录。

2）监理预验收工作

项目监理在预验收工作中，需深入分析质量问题成因并总结经验，组织相关单位召开专题讨论会。针对反复出现的质量通病，要求施工单位制订整改措施，并安排质量员对施工人员进行技术交底。根据项目的特点和难点，引入风险管理理念，对工程质量、安全进行有效管理，开展系统性风险评估并形成针对性的风险评估报告。通过这一过程，项目部能够在监理过程中有效控制风险，确保工程竣工验收的顺利进行。

3）项目维修保障工作

在项目竣工验收完成后，维保工作和结算工作随即展开。

（1）维保专题会。组织各参建单位召开专题会，形成专项维保人员通讯录。通讯录需包含现场负责人及各参建单位项目负责人的联系方式，并规定如需更换维保人员，应按照合同约定提前一周告知建设方。

（2）合同履约梳理。维保工作开展后，需对各参建单位的合同条款以及建设方的相关制度进行梳理，明确参建单位在项目上的合同履约情况，确保维保工作有序进行。

4）项目移交工作

项目移交主要分为实体移交和资料移交。养老项目通过消防验收、竣工验收后，建设方需与使用单位沟通接收事宜，并组织使用单位及物业单位召开专题移交会议，将项目正式移交使用方进行管理。

在移交前，总包单位、精装修单位需对各自承包范围内的内容进行保洁，并按照招标文件或合同要求进行履约。同时，提前制订项目维保方案，并对使用方进行相关培训，确保其能够顺利接管项目。

5）全过程咨询单位的职责

在竣工验收阶段，全过程咨询单位需与各施工单位定期进行沟通，对现场进行巡视，并对发现的问题进行汇总及分类，做好过程记录与存档。

（1）专题会讨论。在每次专题会讨论过程中，若涉及设计方需提供解决方案的问题，全过程咨询单位需做好过程中的依据文件记录。

（2）施工单位履约监督。对于施工单位不积极履约的情况，全过程咨询单位需做好向建设方的定期汇报工作，并对施工方进行书面文件督办。按照合同约定，在与建设方沟通意见后，及时采取有效措施，确保项目顺利推进。

3.3.3 后评价管理

1. 管理目标

1）总结工程项目经验

项目后评价工作是回顾项目历程、总结经验教训的重要环节。各参建单位需共同参与后评价工作，按要求对项目过程中的经验进行全面总结。

（1）经验总结。通过对项目各阶段在管理、技术、协调等方面的回顾，提炼出成功的做法和存在的问题，为后续项目提供借鉴。

（2）共同参与。确保设计、施工、监理等各参建单位的视角和经验都能被纳入总结中，形成全面的后评价报告。

2）提升建设管理水平

后评价工作不仅是对项目经验的总结，还是提升项目管理水平的重要抓手。

（1）真实性与客观性。在后评价总结中，必须保证所描述事件的真实性，确保评价的客观性和公正性。通过对成功经验和失败教训的深入分析，为后续管理活动提供指导。

（2）管理改进。通过后评价，识别项目管理中的薄弱环节，制订改进措施，以提升后续项目的管理水平。

3）提高后续项目效益

项目后评价的核心任务之一是评定项目立项时各项预期目标的实现程度，并对原定决策目标的正确性、合理性和可行性进行分析。

（1）目标评估。通过后评价，分析项目是否达到了预期的经济、社会和环境效益目标。

（2）全生命周期评价。建立项目后评价工作总结方法，结合项目目标和效益后评价结果，对项目全生命周期各阶段的管理工作进行系统性评价，为后续项目决策提供科学依据。

4）评估项目质量目标

在项目招标阶段，应通过项目策划明确项目的获奖目标，并将相关要求纳入总包、精装修、幕墙等单位的合同条款中。

（1）奖项检查。在后评价工作中，对项目是否策划设置了奖项进行检查，评估项目在质量目标方面的达成情况。

（2）质量评估。结合监理检查、第三方巡检、质安站的质量检查情况，对施工质量目标进行全面评估，确保项目质量符合预期标准。

5）对比项目关键进度节点

根据项目从接收至实施阶段的实际情况，对比施工单位进场至竣工的实际完工进度与合同文件中的节点工期要求。

（1）进度分析。通过后评价工作，了解项目工期的变化规律，分析关键节点进度延误的原因及调整措施。

（2）工期优化。总结工期管理中的经验教训，为后续项目的进度控制提供优化建议。

6）分析项目投资目标

在项目竣工验收后，根据实际投资金额与批复概算的对比，分析项目投资目标的实现情况。

（1）投资控制。重点分析工程设计变更的累计金额及其对整体投资控制的影响，评估项目是否超概算。

（2）效益评估。通过实际投资完成率等指标分析，评估项目的经济效益，为未来项目的投资决策提供参考。

2. 工作内容

1）数据收集与整理

（1）数据收集。养老项目全过程的数据资料是后评价工作的基础。需全面收集项目前期的可行性报告、项目建议书、规划设计方案等文件；施工阶段的施工图纸、工程变更记录、施工日志、质量检验报告、工程进度报告等资料；竣工验收阶段的竣工验收报告、竣工结算文件、消防验收文件、环保验收文件等；运营阶段的运营数据（如入住率、收费标准、运营成本、服务质量反馈等）、人员管理数据（如员工数量、岗位设置、人员培训记录等）、设施设备管理数据（如设备清单、设备维护记录、设备更新改造记录等）。

（2）数据来源。从项目建设单位获取立项和设计阶段的文件，从施工单位收集施工过程中的详细记录，从运营单位整理运营期间的各类数据报表，确保数据来源广泛且全面。

(3) 数据覆盖。确保数据涵盖项目全生命周期(从前期决策到后期运营),形成完整的数据链条。

(4) 数据整理。对收集到的数据进行分类整理和筛选,去除无效数据和冗余信息,将有用的数据按照项目阶段、数据类型等进行分类归档,建立项目后评价数据库。

(5) 分类归档。将经济数据(如投资成本、运营收入、成本支出等)、技术数据(如建筑结构参数、设备技术指标等)、管理数据(如项目管理流程、人员组织架构等)分别归类,便于后续的数据查询、分析和对比。

(6) 数据库建设。通过构建结构化数据库,确保数据的可追溯性和可分析性,为后评价工作提供坚实的数据支持。

2) 项目实施过程评价

(1) 决策过程评价。对养老项目的决策过程进行评价,分析项目决策依据的充分性、决策程序的合理性及决策结果的正确性。

① 决策依据。审查项目可行性报告中的市场调研数据是否准确、需求预测是否合理,评估项目决策是否充分考虑了当地养老市场的供需状况、老年人的消费能力和需求特点等因素。

② 决策程序。检查项目决策过程是否符合相关法律法规和政策要求,是否经过了必要的审批程序,如项目立项审批、规划许可审批等。

③ 决策结果。对比项目实际运营效果与决策预期目标,判断决策结果是否达到了预期的社会效益、经济效益和环境效益,例如,项目是否实现了预期的床位入住率、是否带动了当地相关产业的发展等。

(2) 设计工作评价。评价项目的设计工作,包括设计方案的合理性、设计深度是否满足施工要求、设计变更情况及其对项目的影响等。

① 方案合理性。从老年人的使用需求和舒适度出发,评估设计方案中功能布局的合理性,例如,居住区域、活动区域、医疗护理区域的划分是否科学,空间尺度是否适宜。

② 设计深度。检查设计图纸的完整性和准确性,确认其是否对建筑结构、设备安装、装饰装修等方面进行了详细设计,以避免施工过程中因设计不明确而产生的变更和纠纷。

③ 设计变更影响。统计设计变更的次数、原因和涉及的金额,分析设计变更对项目进度、成本和质量的影响,例如,某一设计变更导致施工进度延误,进而增加了人工成本和设备租赁成本,影响了项目的整体效益。

(3) 施工过程评价。对施工过程进行评价,主要考察施工质量、施工进度、施工成本控制情况以及施工安全管理情况。

① 施工质量。依据国家和地方相关建筑工程质量标准,检查养老项目的建筑主体结构质量、装饰装修质量、机电设备安装质量等是否合格,是否存在质量缺陷或安全隐患。

② 施工进度。对照施工进度计划,分析项目实际施工进度的偏差情况及其原因,例如因施工材料供应不及时、施工人员短缺等因素导致进度滞后。

③ 成本控制。核算施工成本的实际支出与预算的差异,分析成本超支或节约的原因,例如材料价格波动、施工工艺变更等导致成本变化。

④ 安全管理。审查施工单位的安全管理制度是否健全、安全措施是否落实到位，是否发生过安全事故，例如施工现场的安全防护设施是否齐全有效、施工人员是否进行了安全教育培训等。

(4) 竣工验收评价。评价竣工验收工作的规范性和完整性，检查竣工验收程序是否符合相关规定，验收资料是否齐全，验收结果是否真实可靠。

① 验收程序。查看竣工验收是否按照规定流程组织建设单位、施工单位、监理单位、设计单位以及相关政府部门参与，是否对项目的各个单项工程进行了全面验收。

② 验收资料。检查竣工验收报告中的内容是否完整，包括工程概况、验收依据、验收内容、验收结果等部分，以及是否附有相关的验收记录和检测报告。

③ 验收结果。核实验收结果是否与项目实际情况相符，是否存在虚假验收或验收不彻底的情况，例如某养老项目在竣工验收时未对消防设施进行全面检测，导致后期运营过程中发现消防隐患，影响项目的正常运营。

3) 项目运营效果评价

(1) 运营服务质量评估。养老项目的运营服务质量是衡量项目成功与否的重要指标。通过问卷调查、实地访谈、电话回访等多种方式，收集老年人及其家属对养老服务的满意度评价，涵盖餐饮服务、护理服务、康复服务、娱乐服务等方面。

① 问卷调查。设计详细的服务满意度调查问卷，涵盖服务态度、服务技能、服务及时性、服务内容多样性等维度，定期对入住老年人开展调查，了解他们对各项服务的满意程度。

② 实地访谈。组织实地访谈，深入了解老年人在养老生活中的实际需求和遇到的问题，例如，对护理人员的专业水平、餐饮口味和营养搭配的意见和建议。

③ 电话回访。对家属进行电话回访，询问他们对养老项目整体运营管理的看法和期望。通过综合多方面的反馈信息，全面评估运营服务质量，为服务改进提供依据。

(2) 运营成本与效益分析。运营成本与效益分析是评估项目经济可持续性的关键。需核算运营成本的构成(如人力成本、物资采购成本、设备维护成本、水电费、物业费等)，并计算运营收入(如床位费、护理费、餐饮费、其他服务收费等)，以评估项目的盈利能力和成本效益比。

① 人力成本。统计每月的人力成本支出，包括员工工资、奖金、福利等，分析人力成本在运营成本中的占比是否合理。

② 物资采购成本。核算物资采购成本，查看采购流程是否规范、采购价格是否合理，确保成本控制的有效性。

③ 设备维护成本。计算设备维护成本，评估设备的维护计划是否科学、维护费用是否过高，避免不必要的开支。

④ 收入与成本对比。对比运营收入与运营成本，计算项目的利润率，判断项目是否在经济上可持续运营。例如，某养老项目因运营成本过高、入住率较低导致亏损，对此需分析原因并提出改进措施，如优化资源配置、提升服务质量以提高入住率。

(3) 运营管理效率与水平评价。运营管理的效率和水平直接影响养老项目的服务质量和经济效益。需从组织架构、人员素质、管理制度、管理流程等方面进行全面考察。

① 组织架构。分析运营管理团队的部门设置是否合理，是否存在职能交叉或管理空白的情况，确保各部门职责明确、协作顺畅。

② 人员素质。评估管理人员和服务人员的专业素质和业务能力，确保其具备相应的养老服务知识和技能，能够为老年人提供高质量的服务。

③ 管理制度。审查运营管理制度是否健全，例如人员考核制度、财务管理制度、安全管理制度等是否完善并得到有效执行，确保管理的规范性和透明度。

④ 管理流程。观察管理流程是否顺畅，例如服务流程是否便捷高效、信息传递是否及时准确，发现运营管理中的薄弱环节并提出改进建议，以提升整体运营效率。

4）可持续性评价

（1）资源利用的可持续性。养老项目在资源利用方面的可持续性是其长期运营的重要基础，需从能源消耗、水资源利用、物资回收利用等方面进行全面分析。

① 能源消耗。监测项目的电力、燃气、水等能源的消耗数据，并与同类型项目的能源消耗指标进行对比，评估项目是否采取了有效的节能措施。例如，是否安装了节能灯具、使用了节能型电器设备、优化了建筑保温隔热性能等，以减少能源浪费并降低运营成本。

② 水资源利用。统计项目的水资源利用情况，查看是否采用了节水器具、雨水收集利用系统等节水措施，确保水资源的合理高效使用。

③ 物资回收利用。考察物资回收利用情况，如废旧家具、电器设备等是否进行了合理回收处理，是否建立了物资循环利用机制，以减少资源浪费，实现资源的可持续利用。

（2）社会环境的可持续性。养老项目在社会环境方面的可持续性主要体现在与周边社区的融合度、对当地社会文化的影响及社会认可度等方面。

① 社区融合。观察养老项目与周边社区的互动交流情况，以及是否开展了社区养老服务合作、文化体育活动共享等项目，促进老年人与社区居民的融合，增强项目的社区归属感。

② 社会文化影响。分析项目对当地社会文化的影响，例如是否传承和弘扬了当地的养老文化、传统习俗等，提升项目的社会文化价值。

③ 社会认可度。调查项目在当地社会的知名度和美誉度，了解社会各界对项目的评价和认可程度。通过这些方面的评价，判断项目是否能够长期稳定地融入当地社会环境，实现社会可持续发展。

（3）长期发展潜力预测。养老项目的长期发展潜力需结合人口老龄化趋势、市场竞争态势、政策法规变化等因素进行综合评估，并提出可持续发展的建议。

① 人口老龄化趋势。根据当地人口老龄化的速度和规模，预测未来养老服务需求的增长趋势，分析项目是否具备足够的发展空间和潜力。例如，随着老年人口的增加，项目是否能够满足不断增长的养老服务需求。

② 市场竞争态势。评估项目在同类型养老机构中的竞争优势和劣势（如服务特色、价格优势、品牌影响力等），针对市场竞争中的薄弱环节，提出提升竞争力的策略。例如，通过优化服务质量、打造特色服务项目来增强市场吸引力。

③ 政策法规变化。关注政策法规的变化，如养老服务补贴政策、行业监管政策等的调整，及时调整项目运营策略，确保项目能够适应政策环境的变化，实现长期可持续发展。

3. 管理要点

1) 构建全面系统的指标体系

养老项目后评价指标体系的构建应科学合理、全面系统，涵盖项目的各个方面，包括项目决策、设计、施工、运营、效益、可持续性等。

(1) 项目决策指标：包括项目必要性、可行性研究深度、决策程序合规性等子指标，确保项目决策的科学性和规范性。

(2) 设计指标：涵盖设计方案合理性、设计变更率、设计与施工契合度等，用于评估设计工作的质量及其对项目实施的影响。

(3) 施工指标：包括施工质量合格率、施工进度偏差率、施工成本偏差率、安全事故发生率等，全面反映施工过程的管理水平。

(4) 运营指标：包括入住率、服务满意度、运营成本利润率、人员流失率等，用以衡量项目的运营效果和管理效率。

(5) 效益指标：分为经济效益指标(如投资回报率、内部收益率等)、社会效益指标(如老年人生活质量改善程度、社会养老压力缓解率等)和环境效益指标(如能源节约率、废弃物减排率等)，用于综合评估项目的综合效益。

(6) 可持续性指标：包含资源利用可持续性指标(如能源自给率、物资回收利用率等)和社会环境可持续性指标(如社区融合度、社会认可度等)，以确保项目的长期可持续发展。

2) 确保指标的可操作性和可量化性

指标体系应尽量选择能够通过实际数据或调查结果进行衡量的指标，避免使用过于模糊或难以获取数据的指标。

(1) 施工质量合格率：通过各分项工程质量检验报告中的合格数据进行统计计算得出。

(2) 服务满意度：通过设计科学合理的满意度调查问卷，对调查结果进行量化分析得到。

(3) 投资回报率：根据项目的投资成本和运营收益数据进行计算，确保指标在实际评价过程中可准确应用，提高评价结果的可靠性和有效性。

3) 动态调整与优化指标体系

根据养老项目的特点和实际需求，对指标体系进行动态调整和优化。不同类型、不同规模、不同地区的养老项目可能具有不同的重点和难点，因此需要根据项目的具体情况对指标权重和评价标准进行适当调整。

(1) 康复服务项目。对于注重康复服务的养老项目，可以适当提高康复服务相关指标的权重。

(2) 生态环境敏感地区项目。对于位于生态环境敏感地区的养老项目，应强化环境效益指标的考核，使指标体系能够更加贴合项目实际，客观准确地反映项目的真实情况。

4. 评价方法选择要点

1) 综合运用多种评价方法

综合运用对比分析法、层次分析法、模糊综合评价法等多种评价方法，以提高评价结果的准确性和科学性。

（1）对比分析法：将养老项目的实际指标值与同类型项目的平均指标值、项目预期目标值进行对比，找出项目的优势和差距。例如，将某养老项目的入住率与当地同类型养老项目的平均入住率进行对比，分析其市场竞争力；对比项目的实际投资成本与预算成本，评估成本控制效果。

（2）层次分析法：将复杂的评价问题分解为多个层次，确定各指标的相对重要性权重，使评价过程更加系统和有条理。例如，在构建评价指标体系时，通过层次分析法确定项目决策、设计、施工、运营等不同层次指标的权重分配，以避免主观随意性。

（3）模糊综合评价法：适用于对一些难以精确量化的定性指标进行评价，如服务满意度、社会认可度等。通过模糊变换将多个评价因素对被评价对象的影响进行综合考虑，得出较为客观的评价结果。

2）考虑数据的可获取性和可靠性

在选择评价方法时，应充分考虑评价数据的可获取性和可靠性。如果数据来源有限或数据质量不高，应选择相对简单且对数据要求不高的评价方法，或待数据补充完善后再确定合适的评价方法。

（1）项目初期评价。在项目初期，由于运营数据较少，故可先采用对比分析法和专家打分法相结合的方式进行初步评价。

（2）数据积累后的评价。随着项目运营时间的增加和数据的积累，可逐步引入更复杂的评价方法，如模糊综合评价法，以提升评价的准确性和深度。

（3）验证与优化评价方法。对评价方法进行验证和优化，确保其能够适用于养老项目后评价工作。在实际应用评价方法之前，可以通过案例分析或模拟评价等方式对方法的有效性和合理性进行验证，根据验证结果对方法进行调整和优化。例如，在使用模糊综合评价法时，可先选取几个典型的养老项目进行试评价，分析评价结果与实际情况的吻合度，对评价因素的选取、模糊隶属度函数的确定等进行调整，使评价方法更加完善，能够更好地服务于养老项目后评价工作。

5. 评价团队组建要点

1）组建跨学科、多层次的后评价团队

后评价团队的组建是确保养老项目后评价工作全面性和专业性的关键。团队成员应包括工程技术专家、经济管理专家、养老服务行业专家、社会学家等，形成跨学科、多层次的评价团队。

（1）工程技术专家：负责对项目的设计、施工等技术环节进行专业评价。例如，建筑结构专家可以评估养老建筑的结构安全性和稳定性，确保项目在技术层面的可靠性。

（2）经济管理专家：负责对项目的经济效益、成本效益进行分析。例如，财务分析师可以核算项目的投资回报率、运营成本利润率等，评估项目的经济可持续性。

（3）养老服务行业专家：熟悉养老服务的运营管理和服务质量标准，能够对项目的运营服务效果进行评价。例如，养老服务管理专家可以评估养老项目的服务流程是否合理、服务内容是否满足老年人需求。

（4）社会学家：从社会环境、社会文化、社会效益等方面对项目进行综合考量。例如，分析养老项目对当地社区养老文化的影响、对社会养老观念的推动作用等。通过不同领域专家的协同工作，确保评价结果的全面性和专业性。

2）团队成员的实践经验与职业道德

后评价团队成员需具备丰富的实践经验和良好的职业道德，以确保评价结果的针对性和公正性。

（1）实践经验。具有丰富实践经验的专家能够更好地理解养老项目在实际建设和运营过程中面临的问题和挑战，从而提出更具针对性和实用性的评价意见和建议。例如，具有多年养老项目设计经验的建筑师能够准确指出设计方案中的不足之处，并提出改进方案；具有丰富养老机构运营管理经验的管理者能够深入分析运营过程中的管理漏洞和服务短板，提供有效的优化策略。

（2）职业道德。团队成员应遵守职业道德规范，保持客观公正的态度，确保评价结果不受个人利益或主观偏见的影响，真实反映养老项目的实际情况。

3）加强团队培训与协作

为提高后评价团队的整体评价能力和工作效率，需加强团队培训与协作。在项目后评价工作开展之前，组织团队成员进行培训，使其了解养老项目后评价的目标、流程、方法以及相关注意事项等内容，统一评价标准和尺度，避免因个人理解差异导致评价结果存在偏差。例如，举办专题培训讲座，邀请行业资深专家讲解养老项目后评价的要点和重点，分享成功案例经验。同时，建立有效的沟通协作机制，明确团队成员的分工与职责，定期召开工作会议，及时通报评价进展情况，协调解决评价过程中遇到的问题，确保评价工作顺利进行，按时高质量完成评价任务。

6. 经验总结

（1）制订项目后评价管理办法。针对养老项目特点，制订后评价总结管理办法，对在建项目进行梳理，利用相关办法的标准化，将项目后评价工作完成情况纳入部门工作考核体系，切实引起各项目对后评价工作的重视，充分发挥后评价工作在提高项目管理水平方面的作用。

（2）设置项目后评价工作奖金经费。项目后评价工作对公司其他项目和在建项目管理均具有重要意义，应将其与项目前期工作同等对待。建议将后评价项目奖金纳入项目整体成本中，明确费用标准或占合同金额的比重，激励项目主动积极开展后评价工作，为公司其他项目提供经验分享和指引。

（3）加强过程经验总结与分享。在项目建设过程中，统筹管理各参建单位及时对阶段性工作进行经验总结，通过电子邮件、微信、电话、专题会议等方式进行沟通，形成有利于后评价工作的成果文件。此举可有效避免因项目开展后人员更换、流动较大，导致后续无人开展工作总结的情况发生。

（4）梳理合同文件。对合同条款和特别约定的内容进行梳理，特别是与经济相关的内容，包括对施工单位的奖励和罚款。同时，对各参建单位的履约评价情况进行梳理，形成经验汇总，为后续项目提供参考。

（5）形成后评价报告。在养老项目后评价工作中，认真回顾汲取项目建设过程中的经验与教训，最终形成后评价报告文件。报告内容应包括项目策划管理总结、项目成果评价、经验教训与对策等方面，涵盖组织架构、招标管理、设计管理、合同与采购管理、信息管理、创新与总结等内容。在完成后评价文件总结后，全过程咨询单位需多次与建设单位沟通意见，进行修改及完善。通过建设方的视角，能看到许多事情的重要性。因此，后评价工作不仅总结了养老项目的问题和经验，也是对全过程咨询模式的思考与分享。

第 4 章　现代养老建筑适老化设计关键指标

4.1　关键适老化设计要求

关键适老化设计要求，其核心目标在于为老年人创造一个安全、便捷、舒适的居住环境。表 4.1 列出了一些与适老化相关的重要规范。

表 4.1　适老化设计要求

序号	项目	设计指标	规范标准
1	老年人照料设施功能设计	(1) 道路系统设计：需确保救护车辆能够直接停靠于建筑主入口区域，并与紧急医疗通道相衔接； (2) 老年人用房位置限制：老年人居室及休息室禁止设置于地下层或半地下层空间； (3) 垂直交通要求：二层及以上楼层、地下及半地下空间设置的老年人用房必须配备无障碍电梯，且至少一台电梯需满足担架运输需求； (4) 老年人使用的楼梯禁止采用弧形或螺旋式设计	《老年人照料设施建筑设计标准》(JGJ 450—2018) 《老年人照料设施建筑设计标准》图示(21J824) 《健康养老建筑技术规程》(T/CECS 1110—2022) 《健康养老建筑评价标准》(T/CECS 1286—2023)
2	适老化需求设计	(1) 适老型智能建筑是以适老型建筑物为平台，基于各类智能化信息技术构建的智慧化居住空间； (2) 智能照护服务：用移动通信、大数据、云计算、物联网、人工智能等技术为老年人提供照护服务，以满足老年人生活护理的卫生与健康需求； (3) 客厅：增加扶手、调整家具高度，方便老年人起立和坐下； (4) 卧室：安装夜间照明设备、调整床铺高度，便于老年人安全上下床； (5) 浴室：安装扶手、防滑设备，配置防滑地垫； (6) 厨房：安装防滑地板； (7) 楼梯：安装扶手、防滑设备； (8) 阳台：安装防护栏	《适老型智能建筑设计规范》(DB42/T 2072—2023) 《居住建筑适老化改造选材标准》(T/CECS 1404—2023) 《适老化全场景技术规范 第 1 部分：居住建筑适老化基本要求》(T/CBMCA 057.1—2024) 《适老化全场景技术规范 第 2 部分：既有居住建筑适老化改造技术标准》(T/CBMCA 057.2—2024) 《居家养老服务智能化技术导则》(T/CECS 1577—2024) 《老年人居家环境适老化改造通用要求》(MZ/T 218—2024)

（续表）

序号	项目	设计指标	规范标准
3	适老化关键正向设计	(1) 关注老年群体室内生活环境的功能性与细节设计，在建筑空间、构件及设施的色彩、尺寸等方面需兼顾老年人生理机能退化特征，并满足轮椅使用及护理需求； (2) 疗养院建筑功能布局应包含疗养居室、理疗康复空间、医疗诊疗区域、公共活动场所以及管理服务与后勤保障用房等组成部分； (3) 养老机构设施，建筑材料宜选择安全节能环保材料，并符合相关规范要求，设备配置包括居室设备配置、居室卫生间设备配置、浴室设备配置、就餐空间设备配置和功能空间设备配置； (4) 养老机构消防安全管理的基本要求：消防安全组织、消防安全职责、消防安全制度与操作规程、重点部位消防安全要求、消防安全管理、应急演练处置、消防档案	《老年人居住建筑》(15J923) 《疗养院建筑设计标准》(JGJ/T 40—2019) 《养老机构设施设备配置》(MZ/T 215—2024) 《社会单位和重点场所消防安全管理规范 第2部分：养老机构》(DB11/T 2103.2—2023) 《社会单位和重点场所消防安全管理规范 第3部分：社区养老服务驿站》(DB11/T 2103.3—2023)

4.2 功能需求分析

随着社会人口老龄化进程的持续加快，现代养老建筑的功能需求日益呈现细化和多样化趋势。除了要为老年人提供基本的居住与护理服务外，还需综合考量老年人的生活质量、心理健康、社交互动等多方面需求。

4.2.1 居住功能需求

1. 无障碍设计与设施

老年人普遍面临行动不便的问题，因此无障碍设计是养老建筑的基础要求，具体包括以下几个方面：

(1) 无障碍通道。设计轮椅通道、宽敞走廊及无门槛地面，确保老年人能方便使用轮椅、助行器等辅助工具。

(2) 无障碍卫生间。采用防滑地面、扶手及可坐浴淋浴设施，以保障老年人日常生活的安全性，如图4.1所示。

(3) 餐厅设计。台面高度和器具位置应便于老年人操作，以适应其体力与灵活性下降的特点，如图4.1所示。

2. 个性化空间

随着生活质量的提升，老年人对居住空间的个性化和自由度要求更高。

(1) 居住单元类型。提供单人房、家庭式套房、共享单元等多种选择，以满足不同老

图 4.1　餐厅、无障碍卫生间

年人的需求。

(2) 私人空间与社交空间的平衡。确保每个老年人拥有独立的私密空间，同时设计公共区域(如活动室、休闲区)以促进社交互动。

3. 居住空间的功能灵活性

老年人的健康状况会随时间变化，养老建筑需具备高度灵活性。

(1) 可调整的空间布局。房间内应预留安装或拆除医用设备的条件，浴室设计应支持无障碍辅助设备的安装。

(2) 智能家居。例如，智能床垫可监测睡眠状态并提醒护理人员，并且可智能调节床铺角度或温度以提升舒适度。

4.2.2　健康护理功能需求

1. 医疗护理设施

养老建筑不仅是居住场所，还需提供全方位医疗护理服务。

(1) 基础医疗设施。配备诊所、药房、护士站，提供日常健康检查、常见病治疗和药品发放服务。

(2) 长期护理单元。为行动不便或患慢性病的老人提供全天候护理服务，如血糖监测、伤口护理、氧疗等。

(3) 康复设施。设置物理治疗区、运动治疗区、按摩室等，辅助老年人开展康复训练，提升生活自理能力。

(4) 老年病专科护理。配备专业人员和设备，以应对高血压、糖尿病、心脏病、阿尔茨海默病等老年常见病。

2. 紧急应对设施

鉴于老年人健康问题的复杂性与突发性，养老建筑需设置紧急应对设施，配备急救站、心电图机、AED(自动体外除颤器)、氧气瓶等，以应对突发健康危机。

3. 健康数据监控

借助先进技术对老年人健康状况进行实时监测，为个性化护理和疾病预防提供支持。

(1) 穿戴设备。通过智能手环、心率监测仪、智能床垫等，实时采集睡眠质量、运动量、血压等数据。

(2) 远程医疗服务。通过云平台传输健康数据，支持医生远程会诊，减少老年人往返医院的不便。

4.2.3　社交与文化活动需求

1. 社交活动空间

社交活动对老年人的心理健康至关重要，养老建筑应设计多样化的公共空间，以满足老年人日常社交需求，减少孤独感，提升生活幸福感，如图 4.2 所示。

图 4.2　老年活动

(1) 多功能活动室。设置舞蹈室、棋牌室、手工艺室、读书室等，鼓励老年人参与集体活动，丰富日常生活。

(2) 休闲区与花园。设计开阔的休闲区、庭院和花园，为老年人提供散步、休憩场所，增进彼此之间的交流与互动。

(3) 咖啡厅和餐饮区。打造舒适的用餐和社交场所，营造温馨氛围，促进老年人之间的情感交流。

2. 文化与教育活动

为增强老年人的生活兴趣和参与感，养老建筑应提供丰富的文化与教育活动，帮助老年人保持积极的生活态度。

(1) 老年大学。开设书法、绘画、舞蹈、音乐等课程，激发老年人的兴趣和创造力，满足他们的学习需求。

(2) 读书与讲座。定期组织读书会、讲座等活动，促进老年人之间的思想交流，增强他们的社会参与感。

3. 情感与心理支持

心理健康是养老建筑的核心需求之一，应通过多种途径为老年人提供情感支持。

(1) 心理咨询室。配备专业的心理咨询师，为老年人提供情感支持与心理疏导服务，帮助他们克服孤独、焦虑、抑郁等心理问题。

(2) 宠物疗法。引入经过专业训练的宠物(如狗、猫等),通过宠物的陪伴与互动,帮助老年人缓解孤独感,提升幸福感。

4.2.4 安全功能需求

1. 建筑安全设计

养老建筑的安全性至关重要,需从细节入手,确保老年人的日常安全。

(1) 防滑地面。选择防滑、防静电且易清洁的地面材料,以降低老年人滑倒的风险。

(2) 紧急疏散系统。配置标识清晰、保持畅通的疏散通道和紧急出口,确保在火灾、地震等紧急情况下,老年人能够安全撤离。

2. 智能监控与报警系统

智能技术的应用可有效保障老年人的安全,并为护理人员提供实时援助。

(1) 智能照护系统。配备智能床垫、监测传感器等设备,实时监控老年人的睡眠状态与活动情况,对摔倒、心搏骤停等突发情况及时预警。

(2) 紧急呼叫系统。在每个老年人的床边配备紧急呼叫按钮,确保他们在需要时能随时联系护理人员,获得及时帮助。

4.2.5 环境与心理舒适需求

1. 自然元素的引入

自然环境对老年人的心理健康至关重要,养老建筑应创造亲近自然的环境,提升居住舒适度。

(1) 阳光照射与空气流通。需确保所有居住单元有充足的阳光照射,并通过开窗或通风系统保障空气流通,营造健康的生活环境。

(2) 绿化与景观设计。应设计花园、池塘、步道等绿化空间,供老年人休闲、散步,使其享受自然景观带来的宁静与愉悦。

2. 噪声控制与舒适性

老年人对噪声较为敏感,建筑设计需尽可能降低噪声干扰,确保居住环境的舒适性。

(1) 隔音设计。需加强房间、走廊之间的隔音效果,避免外界噪声或邻里干扰,确保老年人的睡眠和休息质量。

(2) 舒适的室内环境。应控制室内温度和湿度,提供温暖而不潮湿的居住环境,满足老年人对舒适性的需求。

4.3 适老化需求分析

4.3.1 生活照护适老化需求

随着老年人身体机能的逐渐退化和慢性疾病的影响,他们对护理服务的依赖性日益增强。养老设施必须根据老年人的护理级别,提供相应的服务项目,且服务频率和内容也应随老年人功能丧失的程度而调整。

1. 多类型居住空间需求

(1) 重度失能老人。通常居住在多人间，以便护理人员能够同时照料多位老人，提高工作效率。然而，这种居住方式的私密性较差。根据我国相关规范，养护院单间房床位不得超过 6 张，养老院单间房床位不得超过 4 张。

(2) 功能完好老人。他们更倾向于选择单人间或双人间。在高端养老设施中，甚至提供一室一厅、两室一厅等套间，以满足他们对私密性和舒适性的需求。

(3) 轻中度失能老人。通常居住在多人间。在高端养老设施中，也可能提供双人间或单人间，以满足不同老人的需求。

2. 卫生间、浴室适老化需求

(1) 功能完好老人。他们可以在房间内的独立卫生间完成洗浴和如厕。卫生间需配备扶手、浴凳等辅助设施，以确保安全。

(2) 重度失能老人。他们需要护理人员的协助，甚至可能在床上如厕或在公共浴室洗浴。卫生间需满足轮椅使用需求，并配备污物处理设备或专门的处理间、洗衣间，以便护理人员及时处理污物。

3. 医疗护理用房适老化需求

(1) 功能完好老人。医疗护理用房主要用于咨询和值班，使用频率较低。

(2) 失能老人。需配备护理材料室、治疗室、配餐台、污物处理室等设施。护理用房的位置应居中，便于护理人员及时响应老人需求，应具有良好的视线以覆盖公共空间。

4.3.2　活动方式及空间适老化需求

1. 本层内公共活动空间规模需求的差异

(1) 功能完好老人。他们的活动范围较大，公共活动空间可以集中设置，以营造热闹的氛围。

(2) 失能老人。鉴于其活动范围受限，需在本层内设置公共活动空间，满足他们散步、聊天、下棋等活动需求。空间尺寸应充分考虑轮椅使用，确保无障碍通行。

2. 公共活动空间应满足老人晒太阳的需求

老年人对日照需求较大，尤其是失能老人。在设计中，应尽量将公共活动空间布置在南向，确保老人能享受到直接日照，避免北向空间过于冷清。

3. 本层内活动空间形式宜开敞化促进老人间的交流

开敞化的空间形式有助于促进失能老人之间的互动交流。调研表明，走廊边或拐角处的聊天角、麻将角、阅览角更受老人青睐。开放空间既能吸引老人参与，形成热闹氛围，也便于护理人员集中看护。在医疗护理用房周边，可适当扩展空间，布置座椅、茶几、棋牌桌等设施，方便老人与护理人员交流，增强亲切感。

4.3.3　医疗护理适老化需求

中大型养老机构一般配备医疗保健功能区域，如医务室、观察室、药品器械室、处置室、康复室等，以满足老年人的急救、治疗及康复需求。对于生活自理能力较强的老人而言，他们对医疗护理空间的使用需求相对较少，因此集中设置的医疗保健用房就能够满足其基本需求。而失能老人因慢性疾病或身体机能退化，对医疗护理空间的依赖度较高。因此，各照护单元应配备药品及医疗器械存储空间，并设置处置室、治疗室和观察室等，以便护理人员能够及时提供医疗照护并观察老人健康状况。

4.3.4 失智老人的特殊适老化需求

失智老人由于空间认知能力、判断能力和记忆能力逐渐丧失，容易出现出走或迷路的情况。因此，在失智老人的护理空间设计上，需要特别关注其行为特点和安全需求，通过合理的空间布局和功能设置，为他们创造一个安全、舒适且富有意义的生活环境。

1. 独立分区的需求

失智老人的护理空间应采用独立分区的设计理念，以组团形式组织居室，并设置独立的交通空间。这种设计不仅能够有效防止老人走失，还能为他们提供一个相对独立且易于辨识的生活区域。在独立分区的设计中，应注重以下两点：

(1) 组团式居室布局。将失智老人的居室以小组团的形式进行组织，每个组团包含一定数量的居室和公共活动空间，这样便于护理人员集中管理和照料。

(2) 独立交通空间。每个组团设置独立的交通空间，避免与其他功能区交叉，从而减少老人迷路的可能性。交通空间的设计应简洁明了，避免出现复杂的路径分叉。

2. 设置集中看护活动空间

小规模集中看护不仅有助于节约人力，还能便于组织集体活动，增强老人的社交互动。集中看护活动空间的设计应注重以下三点：

(1) 充足的阳光与良好的景观视野。活动空间应尽量布置在南向，让老人能够享受到充足的阳光和良好的景观视野，提升空间的舒适性和吸引力。

(2) 家庭化的空间尺度与家具配置。活动空间的尺度应接近家庭起居室，配备沙发、座椅等家具，营造温馨的氛围。家具应灵活可移动，以适应不同活动的需求。

(3) 多功能性与灵活性。活动空间应具备多功能性，能够满足老人看电视、聊天、阅读等多种活动的需求。家具的灵活布置能为不同活动提供便利。

3. 创造有意义的徘徊空间

失智老人常有徘徊行为，这是一种常见症状。设计应充分考虑这一行为特点，通过合理的空间规划，使老人的游走变得有意义且安全。具体设计要点如下：

(1) 方向明晰的散步路线。设置方向明晰的散步路线，减少路径分叉，采用闭合的回游路线，避免老人产生选择焦虑。路径设计应简洁明了，便于老人辨识方向。

(2) 半公共空间的布置。沿散步路线布置休息座椅、活动角、展示区等半公共空间，吸引老人探索和交流。这些空间不仅能为老人提供休息场所，还能促进他们之间的互动。

(3) 空间特征与认知锻炼。各小空间在家具布置和装饰风格上应有明显特征，帮助老人锻炼认知能力。例如，通过不同的色彩、材质或装饰元素，增强空间辨识度，辅助老人进行认知锻炼，激发记忆功能。

4.4　正向设计关键分析

4.4.1　生活用房

1. 功能配置

老人居室的功能设计应兼顾基本需求和拓展需求。其中，基本功能包括卧室和卫生间，满足老人就寝、如厕、洗浴和储藏等日常起居需求；拓展功能则包括厨房和阳台，侧重休闲娱乐属性，尤其适合功能完好的老人。应尽量为每位老人设置独立卫生间，以方便其使用。在特殊情况下，可采用合用形式减少卫生间数量，从而提高空间利用率。阳台不仅是洗衣、晾晒、储存的实用空间，还可用于种植花草和晒太阳。设计时应尽量设置阳台，并根据地区气候特点选择开放式或封闭式，同时要注意栏杆扶手和窗台高度的安全性。老人居室如图 4.3 所示。

图 4.3　老人居室

2. 平面布局

(1) 居室尺寸。老人居室的面宽应不小于 3.6 m，通常为 3.9～4.2 m，以确保轮椅能够通行无阻。单人居室的进深应不小于 3.6 m，双人居室的进深则应大于 4.2 m。

(2) 活动空间。集中活动空间应靠近采光窗口，便于老人享受阳光和欣赏风景。入口处应设置轮椅回转空间，确保无障碍通行。

(3) 照明与通风。应合理设计门窗位置，充分利用自然风改善室内空气质量。卧室布局应使阳光能够照在床上，同时应避免在电梯井附近设置卧室，以减少噪声对老人的影响。

(4) 家具布置。家具应可移动，方便老人根据个人喜好自由布置房间。单人居室私密性较高，双人居室需公平配置家具，并设置拉帘来划分空间。套间居室适合自理能力较强的老人，双拼居室则适合老年夫妇或关系亲密的老人。

3. 厨房设计

厨房并非老人居室的必备空间，但可根据实际需求进行设置。简易厨房一般布置在房间入口处，配备电磁炉、洗涤池等设备。操作台应连续布置，台面进深为 650 mm，高度为 800～850 mm，底部预留 150 mm 的空当，以供轮椅老人使用。操作台上部设置吊柜，高度为 1 600 mm，深度为 300～350 mm。

4. 阳台设计

阳台是老人与室外交流的重要场所，其功能包括洗涤、晾晒、绿植种植、储藏和休憩。对于功能完好的老人，可设置洗衣机和洗涤池；对于失能老人，则可扩大储藏空间和交通面积。在寒冷地区，宜采用封闭式阳台，且阳台进深不小于 1 500 mm。

5. 卫生间适老化设计

卫生间设计需综合考虑居室面宽、洁具配置和门的大小，确保轮椅回转空间满足需求。卫生间入口净宽度不小于 800 mm，且应消除内外高差。坐便器旁安装 L 形扶手和紧急呼叫按钮，洗手池采用浅水池设计，淋浴区安装扶手和浴凳。地面应具备防滑功能，并合理设计排水系统。同时，需考虑老人身体可能发生的变化，预留改造空间，坐便器应靠近外侧和承重墙设置。

4.4.2 公共空间

1. 位置选择

公共空间应优先设置在南向，以确保拥有良好的采光和景观视野。通常，公共空间位于居住单元的中间位置，这样既便于老人到达，也便于护理人员观察。

2. 功能布局

公共空间包括起居空间和文娱休闲空间，应布置电视、沙发、茶几等设施，并留有灵活调整的空间。辅助空间则设有洗手池、展示板、储物柜等。靠窗区域可设置健身休闲空间和绿植展放空间。

3. 设计要点

(1) 就餐空间。桌椅应灵活布置，留出宽敞的通道和轮椅回转空间。同时，设置私密空间以满足部分老人的需求。

(2) 家具布置。窗边可布置沙发和茶几，电视的摆放应考虑就餐区的观看需求。家具选型以小型化、实用化为主。

(3) 公共卫生间。在公共空间附近设置公共卫生间和开敞式洗手池，以方便老人使用。

4.4.3 医疗护理用房

1. 位置选择

医疗护理用房应设置在组团或楼层的中部位置，服务距离不超过 40 m，且视线通达，便于护理人员能够随时观察老人的活动情况。

2. 功能及空间需求

医疗护理用房应设置办公区域，并配备电脑、电话、文件柜等办公设备。同时，设置高低工作台，其中高台可保证办公的私密性，低台则便于护理人员与老人交流。此外，在医疗护理用房附近还应设置备餐区，配备水池、饮水机、微波炉等设施。医疗护理用房如图 4.4 所示。

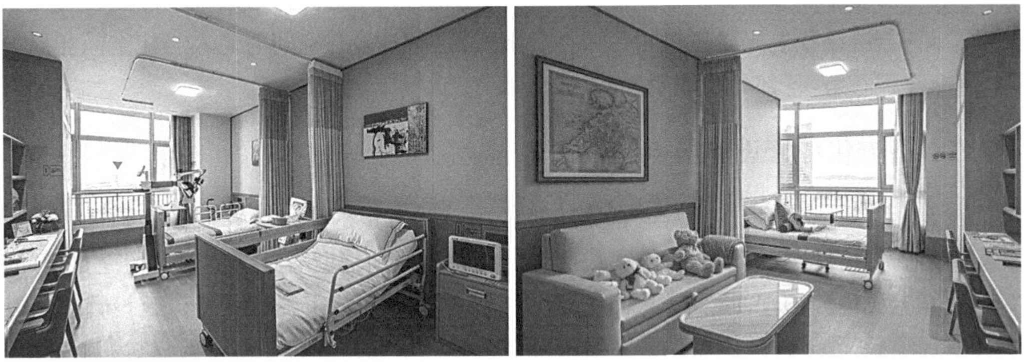

图 4.4　医疗护理用房

4.4.4　公共走廊

1. 宽度和高度需求

公共走廊的净宽至少为 1.8 m，净高不低于 2.3 m。走廊端部开窗或设置开放公共场所，以改善采光和通风条件。

2. 设计要点

地面应采用防滑、耐磨材料，并设置扶手，扶手高度为 750～850 mm。转角处应做切角或圆弧处理，以防老人碰撞。侧墙底部应设置高度为 350 mm 的防撞板。

4.4.5　室内整体优化设计

1. 舒适的物理环境

(1) 声环境。为了降低外部噪声，室内可使用吸声材料和软质地板，门窗可采用双层玻璃隔音。

(2) 光环境。应合理安排自然采光，避免眩光。人工光应设置多层次照明，主灯以暖黄色光源为主。

(3) 热环境。应合理布置采暖点，散热片应设在隐蔽位置，空调出风口应避免正对主要活动空间。

2. 适宜的色彩搭配

空间主色调以淡雅中性色为主，家具主体色可选择中彩度暖色系，点缀色采用对比色系，避免过多色彩造成视觉混乱。

3. 适老化家具

家具尺寸应适中，选择高回弹或硬度适中的材料，边缘应做圆角处理。老人用床应选择多功能床，两侧设置插式护栏。

4.4.6　空间组织

公共空间、老人居住空间和辅助空间是养老机构的主要功能区域。各部分功能用房之间既要相互联系，又要保持适当距离。居住空间中的护理组团数量需根据机构规模确定，老人用房宜集中安排，以便于服务和管理。在单栋养老机构中，通常在底层设置公共活动空间，上层设置老人居住空间。而在分散式布局中，公共空间与老人居住空间相对分隔，通过连廊联系，各部分功能明确，流线清晰。

4.4.7 适老化装修设计要点

在养老建筑的装修设计中，适老化应当作为首要考量因素。设计需重点确保老年人日常生活的便捷性，有效预防意外事故的发生；同时，要为辅助器具的使用预留充足空间，并兼顾养老机构的护理便利性，从而降低照护服务成本。基于现行养老建筑设计规范及实际项目经验，养老建筑主要功能区域及配套设施的适老化装修设计要点归纳如下。

1. 主楼进出口

进出口应设置醒目的标识系统和照明系统，以及坡道、扶手等无障碍设施。进出口处需考虑预留 1 100 mm 的轮椅上下空间。进出口台阶踏步踢面高度不宜大于 120 mm，踏面宽度不应小于 380 mm。

2. 楼道

楼梯扶手的最上层和最下层要设置突出部分。楼梯至少在其中一侧设置扶手，扶手高度为 700～900 mm。扶手栏杆彼此的内部间隔必须小于 110 mm。

在楼梯设计中应采取以下适老化措施：

(1) 踏步须选用防滑材质，并在台阶前沿嵌入与踏面齐平的防滑条。

(2) 扶手应采用圆形截面设计，确保安装稳固性，并沿双侧连续布置。

(3) 扶手端部应做向下或靠墙的弧形收头处理。

(4) 宜将楼梯扶手与走廊扶手连贯设计，实现无障碍衔接。

3. 走廊

在养老建筑的走廊设计中，需重点考虑以下适老化要点：

(1) 通行空间优化。局部拓宽走廊区域，增设休息座椅以满足老人的社交需求，同时确保不影响正常通行。所有门扇、窗扇开启时不得侵占走廊通行空间。

(2) 安全防护措施。转角处 400 mm 高度以下应安装防撞保护装置，选用在湿滑条件下仍能保持防滑性能的地面材料，禁止使用地毯等易导致绊倒的地面铺装。

(3) 功能设施布置。灭火器、公告板等设施应避开主要通行区域；采用带明显标识的大面板照明开关，超长走廊需分段设置多点控制开关。

(4) 无障碍设计。确保地面平整无高差，各房间地面衔接处高差严格控制在 3 mm 以内。

4. 门窗

老人房间的入户门宜采用外拉式设计。门洞宽度不宜小于 1 100 mm。门开启侧应预留 300 mm 空间。房间门宜采用推拉门设计，门洞宽度不宜小于 900 mm，不宜使用玻璃门。房门应使用杆式门把手，选用旋臂较长的拉柄，拉柄高度为 0.9～1 m，避免采用圆形拉柄。老人房间的窗宜向内开，窗扇不宜过大，把手不宜过高。矮窗台内侧应当设置高度为 0.9～1 m 的安全栏杆。

5. 卫生间盥洗区

卫生间主灯需保证足够的照度以照亮全室。通常采用吸顶灯的形式。应尽量设置镜箱和储物柜格，方便老人储藏牙具、护肤品等盥洗用品。就近设置毛巾架，方便老人取用毛巾，避免手上的水滴到地上，造成地面湿滑，带来安全隐患。镜子不宜设置过高，以便使用轮椅的老人能够在镜子中看到自己完整的面容。一般镜子下沿与地面的距离控制在900～950 mm为宜。洗手池周边应留出充足的台面，洗手池台面宽度宜至少为900 mm，不应小于800 mm，以便老人放置常用洗漱用品。

对于使用轮椅的老人来说，从高处取放物品较为困难，因此台面的设置显得尤为重要。应设置镜前灯，一般距地2 000 mm左右，以消除顶光产生的面部阴影，方便老人看清面部。另外，灯具注意设置灯罩，防止灯光晃眼。洗手池旁应设有防水插座，方便老人使用剃须刀、电吹风等小家电。洗手池下部应留空，以便使用轮椅的老人接近和使用。水池下方的净高不宜小于650 mm，可采用浅水池设计，方便轮椅老人腿部插入。为遮挡管道并提升美观度，池底可用挡板进行遮挡。

6. 卫生间如厕区

坐便器上方可设置照明灯具，辅助老人和护理人员检查排泄物是否正常。可利用坐便器上方设置储藏空间，采用吊柜、置物架等形式储藏毛巾、卫生纸、洗涤剂等物品，也可设置兼有毛巾架功能的散热器。坐便器临空侧应设折叠扶手，其距坐便器中心线水平距离为350～400 mm，放下时上层扶手距地高度为700 mm，不需要使用时可抬起，方便照护人员进行护理。坐便器后方应设置电源插座，用于连接智能坐便器。考虑到右利手的人比例更高，因此智能坐便器的操作面板和插座通常设置在后墙的右手侧。

卫生间如厕区模块要点：坐便器临墙侧设L形扶手，便于老人借力起坐。坐便器中心线距墙面450 mm，L形扶手垂直段距坐便器前沿200～250 mm、最高点距地高度应在1 400 mm以上，水平段距地高度为650～700 mm。坐便器旁可设置置物板，便于老人临时放置手机等物品。有条件时，置物板可与横向扶手、智能坐便器操作面板、手纸盒结合设置，也可在坐便器后方或侧方墙面设置储藏空间，存放卫生纸、洁厕刷等物品。可依项目具体情况，选择设置普通坐便器、壁挂式坐便器或智能坐便器。应设置紧急呼叫器，以便老人在需要帮助时及时呼叫护理人员。呼叫器宜设置在坐便器侧前方的墙面上，按钮中心距地高度为500 mm，拉绳下垂末端距地100 mm。

7. 卫生间洗浴区

老年人淋浴区建议安装具备恒温加热、智能换气和辅助照明功能的三合一暖风设备，可在洗浴前后自动将室温调节至26～28 ℃，同时通过湿度感应系统及时排出蒸汽以保持空气流通。淋浴隔断宜选用弧形防霉浴帘，这种浴帘既能有效阻挡水花飞溅，又可保留1.2 m以上开合空间，便于护理协助，同时确保卫生间的通透性。地面应配套设置防滑地砖和紧急呼叫装置，全方位保障洗浴安全。浴帘底部宜略有重量，以保证其下垂，避免轻易摆动或粘在老人身上（浴帘距地高度不超过10 mm）；顶部宜适当露空，以促进淋浴隔间内通风。另外，浴帘需滑动便捷、结实耐用、易于清洁且方便收束。应设置置物台，供老人放置洗浴用品或冲脚时蹬脚使用。置物台的尺寸以400～450 mm高、100～150 mm深为宜。应沿淋浴区墙面设置扶手，供老人在洗浴区移动时扶握，以确保安全。横向扶手距地高度为 700 mm，纵向扶手顶端距地高度不应小于 1 400 mm。应设置浴凳，供老人坐姿洗浴。

淋浴区应设置置物架，置物架高度宜为 1 200～1 300 mm。淋浴喷头高度应可调，能够分别满足坐姿和站姿时的淋浴需求。应设置竖杆，方便老人进出淋浴间转身或行进时撑扶，竖杆距离淋浴间墙边为 80～150 mm。应设置紧急呼叫器，其面板应设在淋浴区附近不易被水淋湿的位置，同时需注意避免误碰。按钮中心距地高度为 800 mm，拉绳下垂末端距地 100 mm。地漏应设置在淋浴区内侧角落，使洗浴时的积水向内侧排放。卫生间中一般不建议设置横长的排水篦子（难于清洁，且在未设置排水坡度的情况下，排水篦子也难以阻挡水外溢）。建议的最佳方式是设置好向淋浴间角部的排水坡度，并在角部设置地漏。

8. 卧室

在养老建筑卧室设计中，老人房间的面宽应大于 3 800 mm，进深也宜加大至 4 500 mm 以上。卧室门口不宜采用狭窄拐角。在床头伸手可及的地方，应设置紧急呼叫器。空调不宜直接对着床铺及座位吹风。为满足老年人的使用需求，床边区域建议配置高度为 75～80 cm 的多功能支撑台面，其尺寸不宜小于 60 cm×40 cm，以便容纳水杯、药品等日常物品。同时，应配备透明抽屉与开放格架相结合的储物系统，方便老人取放物品。卧室入口通道须保持 1.1 m 以上宽度，门洞净宽不小于 0.9 m，应避免设置直角转弯，以确保急救担架通行无阻。在室内色彩设计方面，推荐采用“上浅下深”原则：顶面选用纯白色，墙面采用米黄、浅灰等柔和浅色调，地面宜选用深木色等稳重色系，整体配色应控制在三种主色以内，避免使用强对比色彩组合，以营造安全舒适的居住环境。

9. 扶手

在养老建筑中，至少应在楼梯一侧设置扶手。卫生间内需要安装供从浴缸进出时支撑的扶手，同时在卫生间门口也需要安装扶手。老人使用的坐便器旁边应设置 L 形扶手，扶手的水平部分距地面 650～700 mm，竖直部分距坐便器前沿 200～250 mm，最高点距地高度不低于 1 400 mm。卫生间内安装的扶手需满足手持站立、坐姿起立等支撑需求。走廊（楼梯应为其突出部边缘位置）的扶手应安装在距离地面 700～900 mm 高度的位置。卧室、卫生间等处安装的竖向扶手高端应在 1 400 mm 以上，低端应在 600～700 mm 左右。水平扶手应尽量采取 L 形。扶手内侧距墙面距离应大于 40 mm。扶手材质宜选用树脂或木质，且采用圆形设计，扶手端部需向下方或墙壁方向弯曲。

10. 家具

老人房间的家具应轻便且易于移动，不宜过多使用玻璃及钢材质的家具。座椅不宜为低矮款式，且需具备一定的硬度。建议多使用带有扶手的较低矮家具，尽量避免家具出现锐角。

11. 照明系统

老人房间内的照明系统应以简单实用的灯具为主，光色调贴近自然光，光照强度应高于一般房间，同时应设置局部照明和备用照明。客厅、卧室、卫生间的灯具开关应采用双控开关，开关高度应在 1 200 mm 左右，并设置在老人活动流线上的方便位置。此外，开关应采用大按键设置，并做好面板标识设计，方便老人准确查找和使用。

4.5　适老化族库开发

随着老龄化社会的深入发展，老年人的养老需求日益多样化，不同健康状态的老年人在建筑功能、设施需求和服务内容上呈现出显著差异。为了更精准地满足各类老年人群的需求，通过对多种养老项目的深入调研，明确了不同老年人群的需求特征，并以此为基础构建了一套系统化的适老化设施设备族库。

1. 不同老年人群的需求特征

老年人的养老需求因其健康状况、生活能力和心理状态的不同而有所差异。

(1) 健康活跃老人。他们更看重生活品质和社交活动，对居住环境的舒适性、娱乐设施的丰富性以及智能化家居设备有着较高的需求。

(2) 轻度失能老人。他们需要借助一定的生活辅助工具和适老化设施，如扶手、防滑地面、紧急呼叫系统等，以保障日常生活的安全与便利。

(3) 重度失能老人。他们对护理服务的依赖性较强，需要专业的医疗护理设施、无障碍设计以及全天候的护理支持。

2. 构建适老化设施设备族库

基于调研数据，我们构建了一个涵盖建筑设施、智能家居设备、辅助生活工具等在内的适老化设施设备族库。该族库不仅包含了传统的适老化设计元素，如无障碍通道、防滑地面、扶手等，还融入了现代智能家居技术，如智能照明、远程监控、健康监测设备等，以满足不同老年人群的多样化需求。

3. 小程序平台的开发与应用

为便于设计师、建筑师、产品开发商及养老服务提供者快速获取和使用这些适老化设施设备信息，我们开发了一款小程序平台。该平台具有以下功能：

(1) 搜索查询。用户可以通过关键词搜索，快速找到所需的适老化设施设备信息。

(2) 数据调取。平台与后台数据库实时连接，用户可以直接调取最新的设施设备数据，确保信息的准确性和时效性。

(3) 标准化参考。平台提供标准化的设计参考和灵活可调的方案，帮助用户根据具体需求进行个性化设计。

4. 为行业提供支持

该小程序平台不仅为设计师和建筑师提供了便捷的工具，还为产品开发商和养老服务提供者提供了宝贵的参考。通过这一平台，各方可以更好地协作，共同推动适老化设施设备的创新与发展，从而为老年人打造更安全、舒适、智能化的养老环境。

总之，通过对不同老年人群需求的深入分析以及系统化的设施设备族库构建，我们为养老模式的设计与实施提供了科学依据和实用工具，助力养老行业的可持续发展。

第 5 章　现代养老建筑适老化品质管控

5.1　养老建筑适老化过程品控管理

养老建筑的适老化设计与建设过程中的品控管理，是确保最终建筑环境和服务能够满足老年人需求、提升其生活质量的关键所在。品控管理流程应全面覆盖从设计、施工到运营的全周期，确保每一环节都能符合预定的适老化标准。本节将重点分析施工过程中的品控管理。

5.1.1　工程材料及设备品控管理

1. 需求分析及品牌确定

首先，根据养老设施的设计要求及老年人的实际需求，明确建筑材料和设备的具体规格、性能指标及安全标准。其次，对潜在供应商进行资质审核，包括但不限于企业信誉、生产许可、历史业绩及客户反馈等，以确定材料设备供应商和品牌。最后，项目所使用材料及设备品牌须符合合同要求，规格、型号等技术参数须满足设计、规范以及绿色建筑的要求。

若需对约定品牌进行变更调整，或合同未约定品牌的，应在施工前一个月由总承包单位提出申请，同时提交至少 3 个同档次拟选品牌，由监理单位出具审核意见，再由建设单位进行最终审批。条件允许时，建设、监理、施工单位可对厂家的生产工艺、质量控制检测手段进行实地考察。

2. 样品检验与确认

样品检验与确认是确保养老建筑材料及设备质量的前置关键步骤。在批量采购前，要求供应商提供样品，并对样品进行严格的质量检测，检测内容包括物理性能、化学成分、环保指标、耐久性测试等，以确保样品符合项目要求。这一过程不仅涉及基本的物理性能测试，如强度、耐磨性、防水性等，还包括深入的化学成分分析，以验证材料中不含有害物质，如甲醛、重金属等，从而保障居住环境的健康安全。环保指标的检测则侧重于材料的可回收性、生物降解性及能源效率，以符合绿色建筑的相关要求。耐久性测试是模拟长期使用条件下所选材料与设备的性能变化，确保其能够维持预期功能，减少未来维修更换的频率与成本。此外，还需根据具体应用场景进行特殊性能测试，比如抗菌性、防滑性测试，以适应老年人的特定需求。通过这一系列全面且严格的检验，最终确认样品是否满足养老设施建设的高标准，为后续大规模采购决策提供可靠依据。

3. 材料、设备封样

对于所有直接关系到空间美观与使用者感官体验的面层材料，例如墙纸、地砖、涂料等，必须经过工程管理部、设计团队及外部顾问单位的联合审查，确保其色彩、质感、规格等符合设计意图与项目定位。而作为支撑结构的基层材料，虽不直接外露，但对整体工程质量而言同样重要，因此由工程管理部联合监理单位进行细致确认，保证其强度、稳定性及耐久性符合项目要求。

所有面层（即外观效果呈现部分）的材料封样需经工程管理部、设计及顾问单位确认，基层材料（如管材、龙骨、支架等）封样由工程管理部与监理单位确认。封样样品一式四份，建设单位一份、设计及顾问单位一份、监理单位一份、施工单位一份，总承包单位提供封样间，由监理单位负责管理。

4. 材料、设备监造

材料、设备监造是工程质量控制的重要组成部分，尤其对于那些对养老设施功能与安全性至关重要的特殊材料和设备。在养老建筑材料和设备的监造过程中，针对诸如夹胶中空玻璃这类关乎建筑安全与节能性能的关键材料，以及厨房设备这类直接影响居住者生活质量的重要设施，工程管理单位、监理单位及总承包商须实施严密的监造措施。监造团队依据项目特点和生产周期，灵活运用巡回监造与定点监控策略。巡回监造侧重于不定期抽查生产各阶段，确保流程合规、材料达标；定点监控则针对关键工序或质量控制点，实施连续性监督，例如在玻璃夹胶、中空密封及厨房设备的组装调试阶段。同时，监造过程中重视与制造商的沟通协调，及时解决发现的问题，必要时参与重要部件的验收测试，如玻璃的抗冲击试验、厨房设备的卫生安全验证，确保每一环节均满足设计要求及行业标准，为养老环境构建坚实的物质基础，保障老年人的生活安全与舒适度。

5. 材料、设备进场验收

材料、设备到场后，施工单位应向总承包单位、监理单位报请进场验收，监理单位需对随车的送货单、质量证明等资料进行审核，并对实物按照验收标准进行检查。特别是对外观颜色有要求的材料，须与封样样品进行比对，确保无明显色差。

按规范规定及绿色建筑要求，对于应进行抽样复验的材料，须严格按规定比例、抽样方法进行抽样，并送实验室进行检测，检测合格后方可用于工程中。在此过程中，监理单位严格落实见证取样制度。

材料、设备经进场验收合格后，由总承包单位、监理单位验收人员签字确认，之后交门岗保安方可进场。设备到场后，工程管理部、监理单位、总承包单位、安装单位应共同进行开箱检查验收，依据合同及设计要求对设备型号、规格、数量、外包装及装箱附件等内容进行验收。验收合格后，相关人员应在“设备（开箱）进场验收记录表”上签字确认。材料进场验收现场照如图5.1所示。

6. 材料、设备存放保管

在养老建筑材料与设备的存放保管环节，施工单位需严格遵守各类材料的特定保管要求，针对不同材料、设备采取相应的存放措施，如考虑温度、湿度、防尘防锈、防腐、防火、防霉等，避免影响材料、设备品质或致其损坏。对于电子设备和精密仪器，需存放在恒温恒湿的环境中防潮防静电；木质材料及家具需远离水源，保持通风干燥以防霉变和变形；金属构件及五金配件需做好防锈处理，可涂抹防锈油或包裹防潮纸；易燃材料如油漆、溶剂，则需单独存放在防火柜内，远离火源并配备灭火器材。

图 5.1　材料进场验收现场照

此外，所有存储区域应定期清洁，保持通道畅通以便于检查与盘点，同时设置明显标识牌，注明材料名称、规格、入库日期及注意事项，便于管理和取用。针对特殊化学品或危险品，还需严格遵守国家关于危险品储存的相关法律法规，确保人员与生态环境安全。通过这些综合措施，可以有效延长材料与设备的使用寿命，保障养老设施建设的顺利进行与最终质量。

7. 完工验收与后期维护

项目完成后，需组织专业团队进行全面质量验收，涵盖材料与设备的安装质量、功能性能测试等，确保整体符合设计要求及质量标准。验收团队通常由具备专业资质的工程师、建筑师、安全专家及养老服务领域的顾问组成，他们会细致检查各项细节，包括但不限于建筑结构的稳固性、适老化设施的完备与有效性、水电暖系统的正常运转，以及紧急疏散通道的畅通无阻。同时，采用现代化检测工具进行功能性能测试，确保所有系统协同工作，满足老年人的特殊需求。

同时，需建立设备与材料的维护保养制度，定期开展检查、维护及更换工作，以确保其长期稳定运行；同时，建立质量反馈机制，及时处理使用过程中出现的问题。对关键设备如电梯、消防设施、呼叫系统进行定期检查与预防性维护，确保它们处于最佳工作状态。维护保养记录需详细准确，以便追踪和评估维护效果。此外，建立快速响应的质量反馈机制，鼓励居民、工作人员反馈使用过程中遇到的任何问题（小至开关松动，大至基础设施故障），并及时登记、评估及迅速解决，持续保障养老环境的安全与舒适，提升居住者的满意度与幸福感。

5.1.2　制定高品质质量标准

1. 质量标准

屋面及外立面质量标准见表 5.1。

表 5.1　屋面及外立面质量标准

维度	指标要求
安全坚固	防开裂、防脱落、使用安全，具体要求如下：

（续表）

维度	指标要求
安全坚固	（1）外立面外保温材料防火性能符合规范要求； （2）屋面防水层收头与基层黏结牢固，封口无翘边； （3）护栏高度、立杆间距均符合规范要求，安装牢固，以防攀爬； （4）外墙及外挑板抹灰层、保温层、外墙涂料、面砖、石材、铝（塑）板、装饰线条等与基层黏接或锚固牢固，在合理使用年限内不开裂、不脱落； （5）外窗、幕墙构件、外墙装饰构件、百叶、雨落管等与主体结构连接牢固；外窗、幕墙刚度符合规范要求； （6）外窗开启安全，平开窗有限位风撑，有防脱装置； （7）幕墙玻璃在合理使用年限内不脱落，合理外力下不破裂；幕墙铝窗结构胶耐久性好，在设计年限内不老化； （8）建筑外立面泛光照明灯具、广告灯箱安装牢固； （9）设置防玻璃划伤、门夹伤、高空坠落、尖角碰伤等措施； （10）无其他明显使用安全隐患
功能适用	不渗漏、排水畅通、门窗功能得到保证、细部构造合理，具体要求如下： （1）屋面、露台、阳台、伸缩缝、烟道、管道、雨水口、上人孔、外门窗等防水构造做法合理，材料、防水范围符合功能要求； （2）屋面防水层泛水（女儿墙、檐沟、设备基础、出屋面烟道、管路、变形缝等部位）高度不小于250 mm；出屋面管道做法标准；基层与突出屋面交接处和基层转角处找平层均应做成圆弧形，整齐平顺； （3）平屋面、坡屋面檐沟、露台排水坡度合理、通畅；雨落管口周边坡度符合标准； （4）屋面防水保护层分格缝设置合理，填缝密实、饱满、连续，黏结牢固无脱落； （5）坡/平屋面、露台、檐沟等淋水、设防水部位的闭水试验符合规范要求；外门窗淋水试验符合规范要求； （6）屋面、外立面、外门窗等防水部位零渗漏； （7）外立面石材、涂料、铝板等收头构造合理，不同材料交界面接缝、外墙阴阳角接缝密实，密封严密； （8）在外立面门窗上口、立面装饰线条下口等有排水要求的部位设置滴水线（槽），滴水线的宽度、深度符合要求； （9）女儿墙压顶、外窗台等流水坡向正确，坡度设置符合要求； （10）门窗抗风压性能、隔声性能、传热性能、气密性能、水密性能均满足规范要求； （11）门窗五金配件齐全，门窗扇四周缝隙均匀，启闭灵活、无噪声； （12）空调室外机位置设置合理，安装维修方便，百叶通风良好；冷凝水集中收集排放； （13）有防火要求的幕墙、分户门、外窗及外墙保温，其耐火、防火等级符合设计要求
美观精致	排版合理、工艺精致、色彩协调、细部构造合理，具体要求如下： （1）立面整体经深化设计统筹考虑、排版合理，面层平整、洁净、有质感、协调、美观大方；用料考究； （2）屋面泛水檐顺直且高度一致； （3）女儿墙（山墙）平整，无裂缝、龟裂、起砂、起皮、麻面等； （4）石材排版合理美观；石材接缝平直、光滑，嵌缝密实、连续，宽度、深度均匀，色泽一致；面砖、石材无泛碱；外立面精心排版，无非整砖，定制阳角砖；石材开洞套割吻合，边缘整齐； （5）外墙涂料颜色均匀，无流坠、咬色，分隔条顺直、均匀、光滑； （6）装饰线条设计精巧，顺直、规整、洁净，无裂缝、损坏，接缝平整、嵌填密实； （7）立面玻璃纤维增强混凝土（Glass fiber Reinforced Concrete，GRC）、石材、铜雕等花饰图案清晰、美观、洁净，无翘曲、损坏，收口构造合理，缝隙平整、嵌填严密； （8）外门窗洞口在立面上排列整齐，上下排列一致，框体出墙尺寸一致；外窗台、檐口滴水线条顺直；

（续表）

维度	指标要求
美观精致	(9) 外门窗加工规整，型材拼接严密、平整，表面喷涂均匀、无色差，表面、槽口洁净，无磕碰、划痕；玻璃表面（含中空玻璃）洁净，无气泡、划痕、破碎、起雾； (10) 外门窗槽口的宽度和高度、对角线长度、正垂直度、侧垂直度、横框水平度等均符合要求，框体无磕碰变形； (11) 外门窗框与墙体、窗框与玻璃之间胶缝饱满、光滑、顺直，且宽度一致；门窗扇的橡胶密封条与玻璃槽口接触紧密、平整； (12) 外门窗、空调板、百叶、各类管线、栏杆、风口帽、泛光照明灯具等排布整齐、表面平整洁净，与外立面色彩协调，百叶无锈蚀，无磕碰变形、裂缝、缺损、划痕； (13) 外墙雨落水管、空调冷凝水管设置在墙体凹入等隐蔽部位，排列整齐、外观整洁、色泽均匀一致； (14) 排气孔、空调孔洞口在立面上排列整齐一致，洞口周围边缘圆滑、套割规整，封口帽与墙面贴实，密封严密、均匀； (15) 泛光照明隐藏精巧，排布、颜色与外立面协调，与室内互不影响； (16) 变形缝扣板应顺直、洁净、色泽一致，与墙面缝隙密封严密，与墙面形成整体； (17) 雨棚及挑檐表面整洁、规整、顺直，无损坏； (18) 栏杆应工厂加工，现场安装；焊缝密实、规整，无锈蚀；扶手水平度、直线度符合要求，扶手表面光滑，色泽一致，无翘曲、损坏，拼接严密，扶手与墙体接口收口规整，转角弧度合理； (19) 外墙阴阳角线顺直、阳角挺拔；外立面设置的滴水线（槽）顺直； (20) 不同材料交界面清晰分明、规整顺直
易维护	排水畅通、易清洗、维护方便，具体要求如下： (1) 易损设施材料有备品；保修期满后维修材料易获取； (2) 屋面排水顺畅：泄水口处设水簸箕（耐久）、水落口加钢板网（防堵塞）；屋面上卫生间透气管加防雨帽和钢板网防虫； (3) 幕墙、门窗清洗维护方便，门窗五金、纱窗等更换维护方便； (4) 多层、高层坡屋面住宅在顶层设置固定吊篮的预埋吊环，用于清理、维修外立面
耐久	耐久，具体要求如下： (1) 屋面、露台、阳台防水、天窗、外门窗等无渗漏，防水在设计合理使用年限内防渗漏； (2) 外墙保温、面砖、涂料等在选材、施工等环节考虑耐久性，无空鼓、无裂缝； (3) 外墙石材埋件、龙骨、挂件、固定胶、密封胶等在选材、加工、安装等环节考虑耐久性； (4) 外墙选用自洁性好的装修材料，耐擦洗、不脱色、无泛碱，色泽一致； (5) 幕墙外窗中空玻璃、型材耐久性好，五金件、幕墙外窗结构胶耐久性好； (6) 栏杆、百叶、雨棚、灯箱等在选材、加工、安装等环节考虑耐久性； (7) 车库入楼门的主材、五金、电磁锁等在选材、加工、安装等环节考虑耐久性； (8) 外墙及基层金属构件在选材、加工、安装等环节重点考虑防腐及耐久性； (9) 外墙节点做法、构造措施考虑冻融； (10) 外墙装饰材料耐紫外线
节能环保	保温、隔热、防冷桥，具体要求如下： (1) 建筑围护结构保温隔热性能满足要求； (2) 屋面、外立面无冷桥且不结露； (3) 玻璃幕墙 U 值① 合理选择； (4) 遮阳设施适当

注：①玻璃幕墙 U 值是指其在单位时间内通过单位面积传递的热量，通常用于衡量玻璃幕墙的保温性能。

装饰装修工程质量标准见表 5.2。

表 5.2　装饰装修工程质量标准

维度	指标要求
安全坚固	防开裂、防脱落、使用安全，具体要求如下：
安全坚固	(1) 天花吊顶、吊柜、橱柜、装饰墙等与主体结构连接牢固，在合理使用情况下不变形脱落； (2) 石材、面砖、壁纸、涂料、隔音墙等饰面层与主体结构连接牢固，在合理外力下不变形脱落； (3) 地面面层材料、铺装材料与基层黏结牢固，不开裂、松动、脱落； (4) 户内门开启方向正确，五金配件固定牢固可靠；户内轻质隔墙考虑壁挂式设备的安装位置，并进行加强处理； (5) 栏杆、标识设置符合安全管理要求，安装牢固； (6) 公共部位地面铺装材料符合防滑要求； (7) 车库地面标线、减速带与基层黏结牢固，不开裂、松动、脱落；车道及车库等防撞措施考虑适当； (8) 无其他明显使用安全隐患
功能适用	尺寸合格、适老化、设计合理，具体要求如下： (1) 户内层高、开间、进深、门窗洞口的尺寸符合图纸要求； (2) 卫生间内排风道、排水立管、坐便器、浴盆、洗面盆、地漏设置合理且适用； (3) 卫生间、厨房的墙砖、地砖、石材、台面等选择适用； (4) 卫生间防水设置(材料、范围、涂刷遍数、细部加强措施等)合理适用；地面暗敷设冷、热水管路连接可靠，管路穿越防水层处封闭严密、可靠； (5) 卫生间地面排水坡度合理，地漏排水通畅，水封高度大于规范要求； (6) 卫生间门套内侧下口采取防潮、霉变措施； (7) 卫生间闭水试验符合规范要求； (8) 厨房内烟道、给排水立管、燃气立管、机电点位设置合理且适用； (9) 入户门防火、防盗、隔声性能满足规范要求，户内墙体、门隔声满足规范要求； (10) 门扇周边缝隙均匀，户内木门扇设置门挡； (11) 临近电梯及设备房的起居室、卧室的隔声减振满足要求； (12) 装饰材料防火等级符合消防要求； (13) 装饰材料环保指标符合规范要求； (14) 收纳空间、固定家具等体现适老化细节； (15) 地下车库及楼梯间的净高满足要求，消防通道、疏散通道净宽、净高满足规范要求； (16) 地下室进出风口不影响观瞻，运行时噪声、烟气不干扰业主； (17) 公共部位防火门设置顺序器，进户门与公区管井门不发生开启冲突； (18) 标识系统准确、清晰，消防标识、照明符合规范要求； (19) 无障碍设计合理，功能适用； (20) 楼梯间梯段踏步截水条顺直，避免清理污染
美观精致	排版合理、工艺精致、色彩协调、细部构造合理，具体要求如下： (1) 选用材料质量好； (2) 排版精细；不同材料交界面处理细腻、分色清晰无污染；机电末端与精装修协调，机电设施管口隐蔽处理； (3) 装饰效果“方垂平齐匀”(阴阳角方正、墙地垂直、平整、整齐、色泽均匀)、不空不裂； (4) 顶棚平整度符合置地标准，无空鼓、裂缝、起皮，表面洁净、颜色均匀；与墙面阴角线顺直； (5) 墙面平整度、垂直度、阴阳角方正度、直线度符合置地标准；无空鼓、开裂、爆灰、起皮、粉化；饰面光滑、洁净、颜色均匀、美观；石材、壁纸对纹对理；踢脚线上口平直，出墙面尺寸一致；

（续表）

维度	指标要求
美观精致	(6) 地面平整度、水平度符合置地标准，无空鼓、开裂、起砂； (7) 卫生间、厨房机电点位与天花、墙面、地面经深化设计，排布合理，美观精致；墙砖、地砖对线； (8) 细部收口（配电箱、开关、插座面板四周、灯具底座四周、门窗四周、护角、栏杆端部、天棚与墙面凹槽、不同材料交接部位等）美观精致； (9) 墙面、顶棚饰面阴阳角顺直清晰，踢脚线出墙厚度一致且顺直，转角交圈闭合，且无空鼓、裂缝； (10) 车道、地坪色泽一致，不起砂，无空鼓、裂缝，分隔缝整齐顺直； (11) 管线、支吊架排列整齐有序，层次分明；机电管线分色清晰、无污染；管道涂装颜色均匀，色环宽度及间距亦均匀；机电终端成行成列布置； (12) 地下大堂或楼栋入口标识醒目、装修美观、照度足够； (13) 标识清晰，指示正确，位置明显、标准统一、大小协调
易维护	备品、备件、维护方便，具体要求如下： (1) 易损设施材料有备品；保修期满后维修材料易获取； (2) 不伤及装修可进行机电管线维修，检修口、阀门设置满足物业维护使用需长； (3) 固定家具、厨柜、水柜等五金件更换维护方便； (4) 卫生间同层排水； (5) 厨房、卫生间的管道井、烟道布局合理、检修方便； (6) 卫生间、厨房的墙砖、地砖、石材、台面等方便清理； (7) 竣工图纸、设备使用说明书、保修证书等向运营完整移交
耐久	耐久，具体要求如下： (1) 石材、墙地砖、油漆、涂料、壁纸、木作等面层装饰材料色泽耐久； (2) 卫生间门套下口采取防潮措施，不发生变形、霉变； (3) 卫生间、厨房、公共部位等的墙面、地面在选择砖、石材等材料时，要从选材、黏结材料、施工工艺等方面考虑耐久性； (4) 不同墙体材料交接部位采取抗裂措施； (5) 主要出入通道墙面、柱面阳角采取防碰撞措施； (6) 公共部位、机房等的地面、墙面、天花在选材、加工、施工等环节考虑耐久性； (7) 车库车行道的道面耐磨； (8) 例行巡检，定期维护保养，出现问题立即维护、维修，保证耐久性
节能环保	室内环境合格，具体要求如下： (1) 天然石材放射性符合规范要求； (2) 装修化学污染物不超标； (3) 室内热湿环境符合动态热舒适标准； (4) 精装项目饰面板、固定家具等木作应工厂加工，现场安装

机电安装及小市政工程质量标准见表 5.3。

表 5.3　机电安装及小市政工程质量标准

维度	指标要求
安全坚固	安装牢固、使用安全，具体要求如下： (1) 机电设备及管线与结构连接安全牢固，须接地的应可靠接地； (2) 吊顶内机电管线、设备应单独与结构连接，不允许与吊顶共享吊件； (3) 机电管线穿越不同防火分区时应采取有效防火封堵措施；

（续表）

维度	指标要求
安全坚固	(4) 锅炉等设备及压力管的耐压性能符合要求； (5) 燃气设备及管线使用安全，并有自动报警装置； (6) 热力管道有可靠的热伸缩补偿设施及相关的固定、活动支架； (7) 建筑泛光照明、园林景观照明灯具安装牢固，应避免选用高发热灯具，确需选用的应采取防烫伤措施； (8) 水景灯具选型应绝缘可靠，安装时可靠接地； (9) 小市政管线检修井的井盖安装牢固，不松动、不脱落； (10) 变配电室采取防鼠、防蛇措施； (11) 无其他明显使用安全隐患
功能适用	选型匹配、布局合理、满足使用，具体要求如下： (1) 机电设备选型应与功能需求相匹配，同时考虑噪声满足规范要求；设备、管道安装时采取减震、降噪、隔音措施； (2) 机房内设备、进出管线布置合理，安装、维修方便；机电设备及送排风、给排水管道运行噪声低，噪声及振动不对周围使用者产生干扰； (3) 底商餐饮油烟烟道排放位置无投诉风险； (4) 各类机电系统开闭灵活、运行稳定，且运行参数达到设计要求； (5) 住宅家居智能化系统、住宅小区安防系统的功能合理适用、运行平稳可靠； (6) 户式集中空调运行温度适宜，送、排风口布置合理，无死角，表面无凝结水； (7) 散热器安装位置合理，供暖温度适宜，散热器及管路无渗漏； (8) 水暖、地暖暗敷设管路无接头，饰面材料选用合理，供暖温度适宜； (9) 电梯运行舒适、平层准确、不夹人，高速梯无啸叫； (10) 机电点位（水、电、地暖、空调、电视、电话网络、室内安防、燃气报警、消防报警）数量合理、方便适用； (11) 配电箱内相线、零线、保护地线分色配置，回路接线、编号正确、清晰； (12) 电气回路控制与配电箱回路标识一致，开关与灯具控制顺序相对应；开关通断位置一致，操作灵活、接触可靠，插座接线相序正确、一致； (13) 需进行等电位连接的高级装修金属部件或零件，由专用接线螺栓与等电位联结电线连接，且有标识，连接处螺母紧固、防松零件齐全； (14) 防雷、接地及漏电保护系统可靠； (15) 厨房、卫生间冷热水管走向清晰，左热右冷；地漏排水顺畅、迅速、不返臭；厨房排烟通畅、不窜味；户内排水立管采用消音排水管； (16) 小市政综合管网设计与园林铺装、绿化协调一致；小市政室外井盖处理得当，使用方便； (17) 防火门、卷帘、防排烟、消火栓、喷淋及自动报警等消防设施运行正常，相关消防系统联动正常； (18) 设备管道保温隔热材料性能符合要求，耐火防火等级符合消防要求； (19) 各类疏散通道标识设备、照明均满足规范要求； (20) 各类防火封堵符合规范要求； (21) 机电设备及管线标识正确、清晰、规则；设备机房不设置在结构后浇带、施工缝处；设备机房的位置、服务半径合理；机房内设备、进出管线布置合理，且安装、维护方便； (22) 竖井位置合理，面积适宜，干支管线、设备布置合理，安装、维修方便，给水、采暖竖井内设置地漏；竖井至户内管线敷设方式合理； (23) 风管、消防干管等大口径管路在车库内敷设路径较短
美观精致	横平竖直、标识清晰，具体要求如下： (1) 设备机房内设备布置合理，设备表面完好，排列整齐；阀门安装高度一致；管道穿墙处收口美观；

（续表）

维度	指标要求
美观精致	(2) 设备及管线排布整齐美观，支、吊架整齐；机电末端成排成线、标高协调，与装修协调一致；设备管道面漆涂刷色泽均匀； (3) 相同型号设备并列安装，同一室内的开关、插座安装高度一致； (4) 强弱电箱体安装方正，箱门四周紧贴墙面，四周无间隙，配电箱内外表面整洁、无划伤；标志牌齐全，回路编号正确、清晰； (5) 散热器表面喷涂均匀一致，无磕碰、污损，平直度符合规范要求； (6) 机电系统标识清晰，标准统一、大小协调、美观； (7) 小市政井盖与园林绿化协调，铺装井盖精致美观
易维护	备品、备件、维护方便，具体要求如下： (1) 易损设施材料有备品；保修期满后维修材料易获取； (2) 建筑设备层、管井、设备房使用维护方便； (3) 机电检修通道、检修口、检修空间、井盖等位置的设置便于检修；地漏、排水管道清掏、疏通方便； (4) 给空调主机、发电机、变压器等设备预留了维修通道； (5) 水盆洁具、五金等易损设施更换维护方便； (6) 水、电、煤气表的设置位置便于查看； (7) 抽油烟机清理方便，排烟管从吊顶内接入排烟道时考虑了清理、更换排烟管的可能； (8) 公共区域灯具检修、更换方便
耐久	耐久，具体要求如下： (1) 按使用环境合理选择材料、设备； (2) 例行巡检，定期维护保养，保证耐久性
节能环保	节水、节电，具体要求如下： (1) 电气及照明系统选用节能设备、技术； (2) 通风、空调、采暖、供水系统选用节能设备、技术； (3) 电梯选用节能设备、技术； (4) 卫生器具选用节水设备； (5) 根据设计采用雨水收集系统及中水系统； (6) 根据设计利用太阳能、风能、地热能、空气能等可再生能源及热回收装置

园林景观质量标准见表 5.4。

表 5.4　园林景观质量标准

维度	指标要求
安全坚固	牢固、用电安全、使用安全，具体要求如下： (1) 顶板堆载不超限； (2) 新植大树有防大风吹倒措施，大型乔木支撑牢固； (3) 景观小品、景墙、挡墙、社区设施设备基础稳固； (4) 社区铺装防滑； (5) 园林景观照明防触电； (6) 园林地形高差处设置护栏； (7) 景观水池深度合理，设防溺水措施，提示标识清晰、明确； (8) 社区硬景及设施在近人尺度内无尖角，健身及游乐设施安全可靠； (9) 无其他明显使用安全隐患

（续表）

维度	指标要求
功能适用	不积水、图案清晰、道路通平、无障碍，具体要求如下： (1) 景墙、挡墙、构筑物、水体、大型乔木等的设置位置、尺度、功能合理适用； (2) 社区铺装排水坡度符合设计要求，不倒泛水、无积水；绿地排水坡度及排水管的设置符合要求，无积水； (3) 无障碍设施考虑适当； (4) 车行道选用合适的铺装材料； (5) 植株健康，且规格及形态符合要求，无病虫害； (6) 绿地地形塑造符合设计要求，植株种植位置、间距、搭配符合设计要求； (7) 室外园林景观标识清晰、明确； (8) 小区出入口实现人车分流，地下车库出口和人行道保持合理距离； (9) 合理布置健身器材及儿童游乐设施
美观精致	精致、协调、丰富，具体要求如下： (1) 铺装及小区道路基层坚实、面层平整、线条顺直、排版合理，各类窨井盖排布精心设计； (2) 主入口大门、景墙、围墙等施工质量精细； (3) 配套雕塑、标识、水体、小品、景观照明等设计精巧、施工精细； (4) 绿化丰富、有层次感、长势良好，且与环境气候协调
易维护	维护方便，具体要求如下： (1) 易损设施材料有备品；保修期满后维修材料易获取； (2) 室外设施、设备防锈、防腐，易维护； (3) 植物生长易打理； (4) 铺装井盖大小及质量合适，方便维护及检修； (5) 水源、电源接驳点设置合理
耐久	耐久，具体要求如下： (1) 硬质铺装不松脱； (2) 植物生长易打理，与建筑相协调； (3) 室外水景设置循环、过滤装置，保证水体质量耐久； (4) 景观工程中各种外露或埋地的金属部件采取防锈、防腐处理
节能环保	节水、节电，具体要求如下： (1) 雨水、中水浇灌用水； (2) 喷灌、滴灌技术应用； (3) 园林景观照明灯具选用节能灯具

2. 施工过程质量控制

推行高品质质量标准，要求总承包单位及施工单位在深化设计及施工过程中落实相关内容，同时监理单位加强过程检查。工程管理部负责督促监理单位将工程质量品质管理纳入日常工作中，严格落实相关监理责任。在施工方案评估方面，需评估施工方案是否包含适老化设施的具体安装方法、位置选择合理性及对现有环境的适应性改造措施，确保施工不影响老年人的日常生活。在适老化设施安装监督方面，应加强施工现场对扶手、座椅、电梯、紧急呼叫按钮等适老化设施安装的质量监控，确保安装牢固、位置合理、操作简便。无障碍路径验证也至关重要，需在施工过程中定期检查无障碍通道的连贯性，确保无高差、转弯半径适宜，便于轮椅通行。此外，重视照明与指示系统设计，确保照明光线柔和且均匀分布，同时检查紧急出口、指示标识的清晰度和可见度，方便视力不佳的老年人识别。

材料检验需严格到位，要检验所有材料是否符合环保标准，尤其是室内装修材料，避免使用有害物质，保障老年人居住环境的健康性。重点检验材料的耐磨、耐腐蚀性能，以及清洁和维护的简便性，确保设施能够长期有效使用。对于地板、浴室等区域使用的材料，特别强调其防滑性能测试，以减少跌倒风险。监理单位负责督促总承包单位编制各分部工程质量通病预控的《质量管理手册》，并报监理单位审核及工程管理部审批。同时，监理单位负责督促总承包单位加强成品保护，最大限度地消除和避免成品在施工过程中的污染和损坏，确保一次成优。工程管理部及监理单位应根据项目的养老社区业态，建立适老化质量专项检查控制列表，并在施工过程中进行专项管控。工程管理部应对材料进行不定期、随机抽查，重点检查材料是否报审、相关质保资料是否齐全。工程管理部负责组织监理单位、总承包单位定期和不定期按照高品质质量标准要求开展工程质量检查。此外，需制定奖惩制度，对于使用不合格材料、总包质量事故、不按期整改等情况，采取相应的惩罚措施；开展采取项目立功竞赛，对机电、精装、景观等施工质量评优的单位给予一定的奖励。

3. 施工过程管控措施

1）建立专门的适老化设计审查团队

适老化设计审查团队应汇集多领域专家，包括老年学专家、无障碍设计专家、建筑师、室内设计师、康复医学专家及安全评估师等，共同对设计方案进行全面细致的审查。团队重点评估项目的可达性、安全性、便利性与舒适性，确保所有设计细节（从走廊宽度、扶手设置、防滑地面到智能居家辅助系统、紧急呼叫装置的布局）均遵循最新的适老化设计规范与标准。通过定期会议、现场勘察与模拟测试等方式，团队提出改进建议以促进设计优化，力求打造既安全又充满人文关怀的生活环境，让老年人能够独立、有尊严地生活。

2）实施严格的材料准入机制

实施严格的材料准入机制，旨在从源头上保障老年人生活环境的高品质与高安全性。这包括建立一套完善的适老化专用材料库，入库材料需经过精心挑选与严格检测，确保其不仅符合国家相关安全与健康标准，如低挥发性有机物（Volatile Organic Compounds，VOC）排放、无毒无害、防火阻燃，还特别强调材料的耐用性与易维护性，以适应老年人长期使用的需求。材料库的建立涉及与国内外知名供应商的合作，收集并验证各类建材与装修材料的合格证书、检测报告及实际应用案例；同时，对新材料、新技术保持开放态度，不断更新库内资源，引领适老化设计的创新与进步。通过该机制，项目团队能够在设计与施工阶段快速准确地选用最适宜的材料，为老年人营造安全舒适且有利于健康的居住环境。

3）强化施工人员培训

强化施工人员对适老化理念的理解及专业技能的培训，培训内容应涵盖老年人生理、心理特点及行为习惯，使施工人员深刻理解适老化设计的核心价值，即通过环境的无障碍、安全性、便利性设计来增强老年人生活的自主性和尊严。在技术层面，培训应包括特殊材料的正确安装方法、无障碍设施的精确施工技巧、智能化设备的集成与调试等，确保施工团队能熟练掌握适老化建筑的各项施工标准与规范。此外，通过模拟实操、案例分析、现场指导等多种教学方式，结合定期考核与反馈机制，不断巩固学习成果，激励施工人员将理论知识转化为实践操作能力，从根本上提升养老设施的建设质量，为老年人创造一个安全舒适、功能齐全的生活空间。

4）实行多阶段质量监控与反馈机制

设计初期，邀请第三方设计评估专家对方案的适老化程度、安全性、无障碍性等进行细致评审，及时发现并修正设计缺陷，确保方案兼具创新性与可行性。施工阶段，实施定期及不定期的第三方质量监控，不仅检查施工材料、工艺是否达标，还关注施工安全与环境保护，一旦发现问题立即通知整改，保证施工质量与进度同步优化。验收阶段，委托独立第三方进行全面质量检测与功能性评估，包括但不限于建筑结构安全、设备效能、环境适老性等，任何未达标的项目需按反馈进行调整直至满足要求。整个过程中，建立健全的信息反馈系统，确保设计团队、施工单位、监理单位与业主之间沟通顺畅，针对评估反馈快速响应，最终交付一个安全、舒适、符合老年人特殊需求的高品质养老空间。

5.2 养老建筑防渗漏专项管控

渗漏水是建筑工程中常见问题之一，不仅会影响老人的居住体验，还可能对结构安全造成威胁。因此，在现代养老建筑中，解决渗漏水问题至关重要。对渗漏数据进行统计和分析，有助于更好地了解渗漏问题的分布情况和严重程度，为后续的渗漏修复和预防工作提供参考依据。

5.2.1 渗漏部位统计

为更好地助力解决养老项目渗漏问题，提供渗漏治理的经验参考，本节依据我们参与的多个养老项目的渗漏案例，整理出共计48个渗漏部位。其中，地下室渗漏部位有16个，涉及顶板3个、墙面7个、地面6个；主体结构渗漏部位有32个，涉及顶板10个、屋面5个、墙面6个、幕墙窗户5个、梁1个，以及伸缩缝、沉降缝、变形缝各1个，烟道1个，楼梯1个。

由以上数据可以看出，墙面和顶板渗漏占比最大，均约为27%，其次地面、幕墙窗户、屋面占比分别约为13%、10%和10%。梁、伸缩缝、沉降缝、变形缝、烟道和楼梯由于渗漏部位较少，归类为其他，合计占比约为13%。

5.2.2 关键部位渗漏原因及防治措施

1. 地下室渗漏

地下室渗漏的原因及防治措施见表5.5。

表 5.5　地下室渗漏原因及防治措施

序号	问题照片	原因	防治措施
1	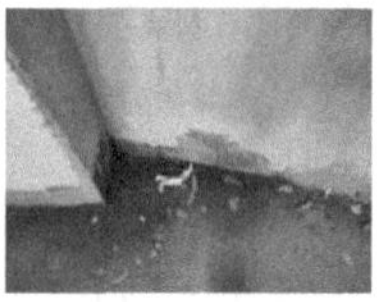	地下室非机动车库墙根部位渗水，根部混凝土振捣不密实，出现裂缝	(1) 根据混凝土体积大小选用功率合理的振动棒或平板振动器； (2) 振捣时应进行梅花式振捣，且两次振捣的间距应在 40 cm 左右； (3) 振捣应在混凝土表面不泛浆、不冒泡及混凝土不再下沉时停止，且采用快插慢拔的工艺
2		地下室地坪开裂、潮湿；地下室顶板开裂；混凝土养护龄期未到；重车通过或过早施工；防水层开裂	施工过程中施工方做好成品保护，严禁过早施工
3		冬季施工，混凝土养护不及时；养护周期不足	(1) 在混凝土中掺入防冻剂，使其在负温环境下能够不断硬化，在规定的养护条件下能够达到预期性能； (2) 用草席、棉被等覆盖物对混凝土表面进行覆盖，进而达到保暖、抑制温度散失的效果； (3) 保证养护时间
4		地下室墙面渗水原因： (1) 外墙施工时混凝土振捣可能不密实，拆模过早、温差大以及养护不及时导致出现裂缝，渗漏水从裂缝进入墙内； (2) 外墙浇筑时未分层，可能导致存在施工冷缝； (3) 外墙防水现场做法可能未达到图纸要求	(1) 针对各种原因可能导致外墙裂缝的情况，建议竖直钢筋放在内侧，水平钢筋放在外侧，以便控制垂直裂缝； (2) 针对现场可能存在的施工冷缝，需严格按要求分层浇筑； (3) 加强对外墙防水质量的管控，做好后及时回填
5	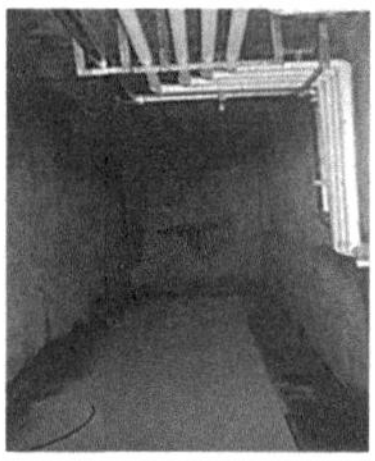	地下室泳池管道井墙面潮湿，管道井内空气不对流，湿气过大排不出去，导致管道井内混凝土墙壁结露下流	提前购入除湿机和电风扇等设备，加强地下室空气对流，以改善潮湿环境
6		施工缝是极易发生渗水的位置，施工缝留设位置不当；施工缝清理不净，新旧混凝土未能很好地结合；钢筋过密，混凝土捣实有困难等	施工缝的留置需严格遵循规范要求，水平方向的墙体施工缝需增设止水带以增强防水性能；在防水薄弱区域及基础底板上应避免设置施工缝，若竖向墙体必须留置施工缝，则应将其与结构变形缝统一设置；施工缝的留置位置、界面处理以及新旧混凝土的衔接等工序应统筹安排

（续表）

序号	问题照片	原因	防治措施
7		地下室的后浇带处理不合理产生渗漏，新旧混凝土未结合好	施工时需先对后浇带部位的混凝土进行凿毛处理，确保露出新鲜混凝土面并清除松散骨料，随后采用高压水冲洗干净并排净积水，接着在基层均匀涂刷高标号水泥净浆，再浇筑强度等级提高一级的微膨胀混凝土，充分振捣密实，并做好保湿养护工作，直至混凝土达到设计规定的强度标准

2. 主体结构墙面渗漏

主体结构墙面渗漏的原因及防治措施见表 5.6。

表 5.6　主体结构墙面渗漏原因及防治措施

序号	问题照片	原因	防治措施
1	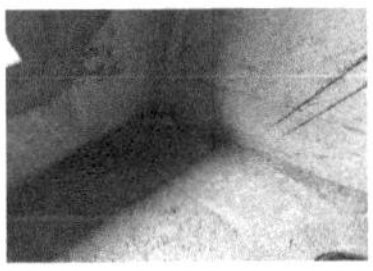	墙角渗水，外侧新风壁柱未施工完成，层间有建筑垃圾，泄水口未设置导致积水，造成雨水、积水渗入外墙	排查构造柱与墙拼接处的防水处理是否按照要求施工，内墙安装与楼板企口是否按照要求施工，座浆是否满灌等
2		墙根部渗水，露台雨水倒灌，主要原因是露台防水尚未施工，墙与楼板接触面处理不到位	(1) 加强 DE 墙与楼板及柱接触面水平缝及垂直缝的防水处理； (2) 修复后采用高压水枪对外墙进行淋水实验，如无渗漏现象方可按此方案进行大面积修复
3		伸缩缝上部渗水，变形缝未按节点做法封堵到位	对所有变形缝封堵情况进行检查，检查变形缝封堵处的防水是否按照要求全部做到位，做好变形缝的封堵，若还有问题，补充防水措施
4	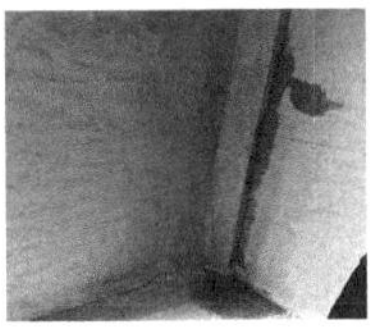	墙柱交接处渗水： (1) 由于墙侧边设置了构造柱，此竖向直缝为两种材料的交界点，有渗漏可能； (2) 不同材料接缝处可能未按砖外墙节点要求做到位	(1) 建议结构施工完成后尽快完善防水施工； (2) 当上述部位整改措施实施后还存在漏水情况时，在墙体外侧凿除渗水对应部位的面砖及粉刷层，按如下工艺进行修补：防水砂浆修补→2 mm 厚水泥基渗透结晶防水涂料→网格布→防水砂浆粉刷层→淋水试验→贴面砖

3. 屋面层渗漏

屋面层渗漏的原因及防治措施见表 5.7。

表 5.7　屋面层渗漏原因及防治措施

序号	问题照片	原因	防治措施
1		屋面大面积渗水，由于冬季施工，现场结构顶板可能存在坡屋面振捣不密实、混凝土料过干、养护不及时等情况	对于斜屋面的混凝土，施工单独编制施工方案，明确混凝土坍落度、浇捣顺序、振捣设备、养护措施等；加强浇捣过程旁站监督，保证混凝土施工质量
2		屋面排水坡度设置不足，存在积水	加强过程管控，按照规范要求及施工方案找坡，使雨水有组织地排向落水口
3		屋面排气管的安装位置不当，导致管道根部区域的防水施工难以规范实施；女儿墙雨水口标高不符合设计标准，且存在明显管径收缩问题，不仅阻碍排水功能，还可能导致孔洞周边墙体渗漏。此外，雨水箅子的固定方法不规范，不仅影响后期检修，还可能因直接钉固防水层而造成防水结构损坏	屋面防水施工时，排水口部位的防水层应均匀铺设并控制厚度；施工前需合理规划屋面坡度、排水沟及雨水口位置，确保排水顺畅；卫生间透气管预埋时应外移定位，避免紧贴墙面或穿越风帽结构，建议通气管沿风帽外缘设置套管或采用一次性预埋工艺；雨水箅子安装时，其底部标高应与屋面最终完成面齐平

4. 主体结构顶板渗漏

主体结构顶板渗漏的原因及防治措施见表 5.8。

表 5.8　主体结构顶板渗漏原因及防治措施

序号	问题照片	原因	防治措施
1		房间顶板渗水，冬季施工，混凝土养护不及时；养护没有达到规定时间就提早拆模	(1) 添加防冻外加剂，确保混凝土在低温条件下持续水化反应，经规范养护后满足设计强度要求； (2) 采用保温覆盖法，使用草帘、保温毡等材料对混凝土表面进行多层覆盖，从而有效减少热量散失，该方法多配合蒸汽养护等综合措施使用； (3) 保证养护周期
2		房间顶板渗水： (1) 接茬面未按规定进行凿毛处理，表面浮浆清理不彻底，导致新旧混凝土黏结强度不足； (2) 模板支设及钢筋安装时，施工垃圾（如木屑、紧固件等）落入接缝部位且未及时清理，最终在结构层间形成薄弱夹层； (3) 墙体截面尺寸较小且配筋密集，混凝土振捣不充分，致使结构实体密实度达不到设计要求	(1) 保证混凝土浇筑时，同一施工面间隔不能超过 1.5 h，且必须在 5 h 内浇筑完毕（从发车时起），以防止混凝土浇筑出现冷缝现象； (2) 防水混凝土结构设计、钢筋布置和墙体厚度应考虑施工方便，易于保证质量

（续表）

序号	问题照片	原因	防治措施
3		房间顶板渗漏点注浆修复后仍出现渗水，注浆管过早拔掉	(1) 注浆结束后的稳压观察时间不应少于 10 min，确认无异常后方可实施拔管作业； (2) 注浆孔定位应确保孔底与渗漏裂隙有效连通，优先选择渗漏量峰值区域，具体布孔原则：水平向裂缝采用下倾斜钻孔方式，竖向裂缝宜采用垂直骑缝钻孔方式； (3) 渗漏修复区域选用高性能注浆材料，推荐采用 P. O42.5 水泥净浆、超细水泥基材料或高分子材料（如环氧树脂、聚氨酯、丙烯酸盐等）进行加固止水处理

5. 卫生间渗漏

卫生间渗漏的原因及防治措施见表 5.9。

表 5.9　卫生间渗漏原因及防治措施

序号	问题照片	原因	防治措施
1		卫生间楼板开裂渗水，防水施工前基层处理不到位，表面不平整，卫生间防水涂刷厚度不足，后期存在渗漏隐患	(1) 加强技术交底及过程管控，基层表面应坚实平整，无浮浆、起砂、裂缝现象； (2) 与基层相连接的各类管道、地漏、预埋件、设备支座等应安装牢固； (3) 管根、地漏与基层的交接部位应预留宽 10 mm、深 10 mm 的环形凹槽，槽内应嵌填密封材料； (4) 基层的阴、阳角部位宜做成圆弧形，基层表面不得有积水，基层的含水率应满足施工要求
2		卫生间顶板渗水，管道井安装洞口未封堵到位，设备屋顶防水未做	对所有管井洞口封堵情况进行检查，查看是否封堵到位，做好屋面设备洞口封堵处防水工作
3		暗敷管道连接部位密封不严，导致水分从建筑结构内部向外渗透；对于隐蔽安装的给排水系统，需在水压测试或通水检验合格确认无泄漏后，方可进行封闭处理	管道隐蔽工程中接合处封闭不彻底，引发墙体或楼板内部渗水问题；所有暗埋的水管施工完毕后，必须通过压力测试和漏水检测，确保无渗漏风险后才能实施隐蔽工程；暗装管道接口密封不良会造成结构体内渗水现象；给排水管线暗敷时，应在完成安装后先进行密闭性压力测试，验证无渗漏后，方可进行后续隐蔽作业

6. 幕墙窗户渗漏

幕墙窗户渗漏的原因及防治措施见表 5.10。

表 5.10　幕墙窗户渗漏原因及防治措施

序号	问题照片	原因	防治措施
1		窗户边缘处漏水,发泡胶填充不饱满,外窗台出现裂缝	依据设计及规范标准设置洞口加强钢筋,防止因配筋不足引发结构开裂;同时需强化混凝土养护措施,控制温度应力以避免裂缝扩展
2		采光顶幕墙胶条出现局部开裂情况,采光顶泛光照明多次拆改灯具,导致采光顶幕墙胶条出现局部开裂	各专业间合理安排施工工序,避免出现工序倒置的情况,从而影响质量
3		窗户边缘处渗水,幕墙窗扇因前期把手未安装,窗扇关闭不严,导致下雨时雨水从边缝处渗漏	幕墙单位提前做好材料选定计划
4		幕墙玻璃压条及型材拼缝处渗水;拼缝处打胶密封不严密,出现渗漏	施工单位做好技术交底,提高打胶质量

5.2.3　防渗漏关键措施

1. 设计图纸深化

深化防水专项设计。对于外墙、屋面、地下室、卫生间、厨房、阳台等部位的防水设计,应明确防水构造层次及细部构造。对外窗周边、外墙挑板或线条、外墙预制构件与现浇构件连接、外墙预制构件之间连接、外墙不同墙体保温材料交接处、屋面女儿墙、卫生间、地下室变形缝等防水薄弱部位,应加强防水技术措施并绘制详图。同时,要做好防水专项设计交底,建议总承包模式下,由施工单位深化节点图并报设计单位确认。对于有相关图集做法的部位,请设计明确具体参照做法;对于无相关图集做法的部位,施工单位应全部深化,重点突出卫生间二次结构反坎、出屋面烟道结构随一次结构浇筑、管道吊模、外窗塞缝、止水螺杆封顶、出墙套管细部防水做法等。

2. 防渗漏专项施工方案

总包单位编制针对性的防渗漏专项施工方案,方案中应着重体现对止水螺杆焊接、止水片大小和数量的要求，对止水钢板设置、焊接（尤其是转角部位、高低跨部位）的要求，对混凝土坍落度、振捣的具体要求，对后浇带的清理、保护及混凝土材料配备的要求，对管道封堵、防水细部处理、卷材搭接等提出的具体要求；并且，要严格按照方案落实交底工作。

3. 加强防水材料质量控制

各责任主体须切实履行防水材料的进场验收、见证取样及检测程序，确保材料检测合格后方可投入使用，杜绝未经检验或检验未完成即使用的违规行为。施工方应联合监理单位对进场防水材料的品类、规格、包装状态、外观质量、尺寸参数及质量证明文件等进行全面核验，并做好详细的验收记录。监理机构须切实执行材料见证取样工作，在防水材料取样过程中应随机选取复检样本，以保证进场材料、送检样本、检测样品与实际施工用料的一致性。取样全过程须留存完整的影像记录，内容需涵盖取样位置及流程、样品标记与封装过程、相关见证人员等关键信息。

4. 推行样板引路制度

建议推行防水工程样板示范管理制度，实施“样板施工→蓄水/淋水试验→问题整改→方案优化→可视化技术交底”的标准化流程。施工现场须根据防水部位特点制作工艺样板，清晰展示施工工艺关键节点及验收标准，经建设、监理、施工三方联合验收合格后方可进行大面积施工。特别强调：①按户型分类设置实体样板间；②实际施工质量与竣工效果必须达到样板验收标准。

5. 强化自检、验收、渗漏检验工作

(1) 流程：班组、分包自检、验收→总包验收→监理验收（举牌，留存影像资料）。

(2) 附加层：分包、总包、监理旁站监督。

(3) 下沉式卫生间：二次防水施工，三次蓄水试验。

(4) 外墙、外窗：三次淋水试验（外墙基层防水完成、饰面层完成、竣工验收前各一次）。

(5) 屋面、阳台：二次蓄水试验。

6. 成品保护及养护

地下室外墙防水卷材、底板上翻防水卷材等应做好隔离保护措施；浇筑完成的板混凝土应达到一定强度后方可堆放材料；混凝土浇筑完成后应按照规范要求进行养护。

7. 渗漏处理

对已出现渗漏的部位，应及时修复并采取合理的堵漏措施，确保渗漏问题得到有效解决。针对性的处置方案如下：地下室点、缝渗漏以环氧树脂堵漏为主；屋面渗漏不应以板底注环氧树脂堵漏为主，而应从屋面渗漏处查明原因，加强屋面上的防水施工。此外，需定期对建筑物进行巡检，及时发现和处理潜在渗漏隐患，避免渗漏问题进一步扩大。

5.3　养老建筑装饰装修专项管控

室内装饰装修工程作为养老建筑室内建造的最后一道工序，其建筑平面布局、装饰设计方案、实体工程质量等最能直观评判建筑品质，也对养老建筑适老化功能的实现有着直接影响。本节结合类似养老建筑建造装饰阶段的监理管控经验，围绕保证适老化功能实现及高品质交付的管控目标，对过程管控举措及适老化技术要点作如下简要总结。

5.3.1 装饰材料管理

1. 材料封样做好资料审核，梳理台账加强样品管理

根据合同约定和设计要求，牵头施工单位提前梳理需封样的材料，并通过定期更新封样台账来掌握进展情况。对厂家资质、材料质保资料等加强审核，尤其重点审核地面材料防滑系数、饰面材料环保等级、安全玻璃3C认证等，及时给出明确的监理意见。封样样品一式四份，由业主、设计、施工和监理四方各持一份，这样一方面可以避免因只留一份而导致样品丢失，另一方面也便于各方互相校对样品，避免混淆。

2. 材料采购加强进场验收，见证取样严控复试管理

各标段施工单位材料采购时需上报进场计划，材料到场后应及时组织进场验收。验收过程中，应认真将饰面材料与样品进行比对，确保基层材料满足技术规格书的要求。材料进场后，对需取样复试的材料，及时组织见证取样并做好标识牌，待收到合格的复试报告后方可允许在现场使用。对于复试周期较长的材料，如涉及环保、消防类检测的材料，要求施工单位根据现场进度提前做好复试计划，合理考虑复试周期，避免对现场进度造成影响。材料进场验收现场照如图5.2所示。

图5.2 材料进场验收现场照

3. 重点材料管控范围延伸，进驻工厂实施飞行检查

对于一些使用面积大、非标准尺寸、现场安装拼接要求高的重点材料，为保证施工品质，需对厂家加工质量进行跟踪把关。在大面积加工前，先加工部分样品以检验工厂的加工能力。对于异形构件且拼接要求高的材料，利用BIM工具辅助深化设计，确保加工尺寸精准；运送现场前，需在工厂进行预拼装，确认满足要求后统一进行编号，以便指导现场施工。

5.3.2 设计图纸管理

1. 联合阅图，查找错漏碰缺

装饰图纸下发后及时组织内部阅图，通过专业间联合阅图机制查找图纸中的错漏碰缺。重点审核以下内容：机电管线复杂区域是否能实现图纸吊顶标高；装饰末端点位综合布置是否满足机电验收规范；装饰平面布局是否与建筑图纸冲突；装饰用材是否满足消防批文要求；节点做法是否完整覆盖等。

2. 深化设计，明确验收依据

对于装饰图纸中设计图纸深度不足（如缺少基层材料规格、连接方式及饰面排版图等），导致无法指导现场施工及提供验收依据的情况，要求施工单位进行深化设计。深化设计单位需具备出图资质，深化设计图纸需提交原设计单位审核确认，经签字盖章后下发至现场。深化图纸应表达清晰、节点齐全，以准确指导现场施工与质量验收。

3. 技术变更，把控办理流程

对于现场实际情况无法实现设计意图，或基于现场情况需要调整部分节点做法的，应要求施工单位及时办理设计变更。设计变更单的编写需写明原因，明确变更后做法，并注明是否会引起造价变化。变更单需通过各相关单位层层审核，取得明确的审核意见且变更手续签章齐全后，方可允许现场调整，并在后续竣工资料编制时准确反映在竣工图中。

4. 重要节点，加强技术把关

对于影响使用功能、交付品质、使用安全的重要节点，需对图纸做法进行严格的技术把关，确保功能实现，保证交付品质，避免留下质量安全隐患。例如，地面工程不同材质交界处的节点设计，应保证过渡顺直且无明显高差，若有高差需设置缓坡过渡，严禁出现台阶；卫生间排水设计，宜选用截水面积大、排水效率高的条形地漏，以防湿区使用时水向干区蔓延造成安全隐患；卫生间防渗漏设计，应确保基层墙体交接缝处理妥当，防水翻高满足要求，饰面层交接缝嵌缝密实，防止水往粘贴层渗漏；墙面工程墙体转角、家具阳角等宜采用圆弧设计，消除安全隐患；适老化扶手的固定形式应表达清楚，与墙体的连接需保证可靠牢固；室内平面布局应保证流线清晰，通行宽度需满足无障碍通行要求等。

5.3.3 施工质量管理

1. 样板引路，验证工艺明确标准

执行样板引路原则，每个标段进场后，在管理策划阶段牵头施工单位梳理样板清单，明确样板确认流程。在现场大面积实施前，参建各方需先进行样板确认。通过实施现场工艺样板、视觉样板，检验施工单位工艺选择的合理性，明确验收流程，设定工序见证点、停滞点，并确定交付质量标准。样板质量检查现场照如图5.3所示。

2. 封板把关，严控隐蔽强化责任

装饰饰面工程作为室内施工的最后一道工序，需严格把控封板程序。通过制定封板令制度，严格控制隐蔽工程施工质量，实时掌握工序验收动态，把控现场封板实施程序。

图 5.3　样板质量检查现场照

对于各专业隐蔽工程，应明确验收责任人，落实签字手续，强化质量责任意识，消除质量隐患，确保交付品质。

3. 成品保护，降低损坏避免返工

结合项目管控经验，进入装饰阶段后，由于多数进度要求较高，且参建单位多、工序穿插频繁，因此加强施工过程中的成品保护管理成为监理日常管理工作的重点之一。装饰单位应在前期策划阶段提交完整的成品防护专项方案，监理方需全过程监督方案落实情况，确保各项保护措施执行到位，防止已完成品在施工衔接、多工种交叉作业及竣工验收前等环节出现碰撞损伤、化学腐蚀、人为破坏或遗失等问题，切实保障工程实体质量与使用功能。同时，各分项工程开工前须制订周密的施工组织计划，重点审核工序安排的合理性，杜绝因施工顺序不当而导致的相互污染或成品损坏情况发生。

第6章　现代养老建筑适老化交付要求

6.1　土建方面

6.1.1　基地与总平面

在选择养老建筑的基地时，应优先考虑远离污染源、噪声源及易燃、易爆、危险品生产与储运区域。同时，基地应尽量靠近大型医院，以确保老年人能够及时获得医疗服务，并远离工业区及娱乐场所，避免对老年人的生活造成干扰。基地及建筑物的主要出入口不宜直接面向城市主干道，以减少噪声和交通对老年人的影响。货物运输、垃圾清运及殡葬服务应设置专用通道和独立出入口，确保这些活动的流线与老年人活动区域分离，避免产生交叉干扰。

道路系统设计需确保救护车辆能够顺畅抵达建筑主要出入口，并与建筑内部紧急送医通道无缝衔接。总平面交通组织应以便捷流畅为原则，在满足消防、疏散和运输要求的同时，尽量避免车辆通行对行人流线的干扰。总平面内需规划机动车与非机动车停车区域，并在主要出入口附近设置无障碍停车位或无障碍停车下客点，通过无障碍人行道与建筑连接，同时配备明显标识，以方便老年人使用。

老年人全日照料设施及日间照料设施应为老年人提供专属的室外活动场地，并进行场地景观环境与园林绿化设计。绿化植物的选择需适应当地气候条件，确保不对老年人健康与安全产生潜在威胁。总平面内若设置观赏水景或水池，应安装必要的安全提示与防护措施，并定期开展安全检查及维护保养，在易发生危险的区域设置醒目的安全警示标志，以保障老年人活动安全。

6.1.2　用房设置

养老建筑应合理规划老年人专用用房及管理服务用房。老年人居室和休息室不得设置在地下室或半地下室，以确保良好的采光和通风条件。在厅、廊及房间内设置休息座椅或休息区时，应对可能引起刮碰的突出物采取防护措施，避免老年人意外受伤。

生活用房的设计需满足护理型床位与非护理型床位的不同需求。

(1) 护理型床位。居住用房建议采用模块化布局方式，应配置基本功能区域，如卧室、公共活动区、用餐空间、食品准备区、护理工作区、医药储藏室、卫生清洁间、污物处理间及卫浴设施区(含洗漱区和沐浴区)，同时可考虑增设老年休憩空间及亲友接待区等附属功能空间。

(2) 非护理型床位。生活用房可按生活单元设计，应设置居室、就餐区、卫生间、盥洗区、洗浴区及厨房或电炊设施，以满足老年人的日常生活需求。

照料单元应具有相对独立性，单元床位数不宜超过 60 床；失智老年人照料单元应独立设置，床位数不宜超过 20 床，以确保护理人员能够提供及时、有效的照料服务。床、阳台门的适老化设计如图 6.1 所示。

图 6.1 床、阳台门适老化设计

6.1.3 居室

老年居住空间需确保良好的自然采光和通风条件，冬至日最低日照时长不应少于 2 h。若个别居室日照不达标，则需保证该单元内至少设置一个满足日照要求的公共活动区或居住区域，以维护老年人的居住舒适度和健康需求。

每间居室的使用面积按不小于 6.00 m^2/床确定，单人间使用面积不得小于 10.00 m^2，双人间使用面积不得小于 16.00 m^2。护理型床位的多人居室床位数不宜超过 6 床，非护理型床位不宜超过 4 床，床与床之间需采取隐私保护措施，以确保老年人的居住私密性。居室、起居厅布局如图 6.2 所示。

图 6.2 居室、起居厅布局

居室内应留有轮椅回转空间，主要通道净宽不得小于 1.05 m，床边需留出护理及急救操作空间，相邻床位长边间距不得小于 0.80 m，以方便护理人员操作和老年人活动。

居室门窗须配备安全防护措施，并在门口设置方便辨识的门牌。家具应设计为边角圆润，避免尖角造成意外伤害，并提供适老化的储物柜、衣柜等便于老年人取用的设施。

居室应安装紧急呼叫装置，确保老年人能在紧急情况下迅速求助。同时，应对墙面采取隔声处理，选择适合老年人起身的扶手沙发，灯光设计需考虑多场景功能，以满足老年人不同时间段的需求。

6.1.4　餐厅

养老建筑的餐厅设计需满足不同床位类型老年人的使用需求。护理型床位餐厅的座位数应不少于服务床位数的 40%，非护理型床位餐厅的座位数应不少于服务床位数的 70%。每座使用面积分别不得低于 4.00 m^2 和 2.50 m^2，以确保老年人就餐时的舒适性。

餐厅应设在交通便利的开敞区域，如楼栋中部的竖向交通核心附近，并可采取开放式布置，划分为不同规模的餐饮单元。空间设计需满足餐车通行及护理人员分餐、助餐的需求，确保老年人能够方便、安全地就餐。

餐厅入口宜设洗手处，并在附近设置卫生间，方便老年人餐前洗手和如厕。就餐区的主通道宽度不得小于 1.8 m，次通道宽度不得小于 1.2 m，邻桌通道宽度不得小于 0.6 m，以确保轮椅使用者能够顺畅通行。

餐桌与餐椅的设计应考虑轮椅使用者的需求，边长宜为 800 mm，并在餐区外缘设置轮椅专用餐位。餐具选用易握持、防滑材质，并配备消毒设施，以保障老年人的饮食健康。餐厅如图 6.3 所示。

图 6.3　餐厅

6.1.5　卫浴

1. 盥洗室

集中设置的盥洗室与最远居室的距离不应超过 20 m，以确保老年人能够方便使用。盥洗设施的数量应根据床位数合理配置，通常每 6～8 个床位设置一个盥洗盆或盥洗槽。

(1) 洗手台设计。洗手台需留出轮椅腿部空间，确保轮椅使用者能够舒适使用。水龙头应采用感应式或杠杆式设计，便于老年人操作。扶手设计应符合人体工程学，镜面高度宜设置为 900～1 000 mm，便于老年人使用。

(2) 无障碍设计。盥洗室应配备无障碍设施，确保轮椅使用者能够顺畅进出和使用。洗手台如图 6.4 所示。

图 6.4　洗手台

2. 卫生间

居室卫生间的设计应充分考虑老年人的日常生活需求，确保其具备盥洗、便溺、洗浴等功能，并合理布局助洁、助厕及助浴设施。对于非护理型床位的居室，建议相邻设置卫生间，以便于老年人日常使用。

(1) 操作空间。卫生间设计需考虑护理人员的操作需求，预留充足的活动空间以协助老人完成清洁、如厕、洗浴等日常活动。在通风设计方面，需设置有效的换气系统，保持空气流通，防止潮气和异味滞留。在地面处理方面，卫生间与周边房间地面宜保持同一水平，若存在高度差，应控制在 15 mm 以内，并采用缓坡衔接，确保老年人行动安全。

(2) 安全设施。卫生间内应设置扶手、防滑垫等设施，确保老年人如厕时的安全。特别是在坐便器附近，应设置扶手以辅助老年人起身。卫生间应安装紧急呼叫装置，确保老年人在紧急情况下能够迅速求助。该装置应易于操作且位置明显。

(3) 清洁与消毒。卫生间应保持清洁干燥，避免细菌滋生。需定期对卫生间进行消毒处理，保障环境卫生。

公共卫生间的设计要求如下：

(1) 位置布局。公共卫生间宜靠近单元活动区或老年人常用餐厅布置，以便于日常使用；坐便器配置数量需按服务床位数量计算，建议每 6～8 个床位设置 1 个坐便器，但带有独立卫生间的居室床位可不计入计算。在无障碍设施方面，每个公共卫生间至少需配备 1 个轮椅专用厕位或无障碍卫生间，可不分性别使用；在护理操作空间设计方面，坐便器侧方需预留不少于 600 mm 的操作空间，前方也应留出适当区域便于护理协助，对于轮椅使用区域，则需额外考虑轮椅停放空间需求。

(2) 设施布置。

① 紧急呼叫按钮。公共卫生间应配置紧急呼叫按钮，以防止老年人在如厕时发生危险，并确保其能够及时呼救。

② 扶手设置。供老年人使用的如厕区域应设置扶手，且宜设置左右方向不同的扶手，以满足老年人的差异化需求。

③ 照明设施。厕位隔间内部和小便器上方应设置照明灯具，确保光线充足，方便老年人使用。

④ 盥洗设施。公共卫生间应设 1～2 个盥洗盆或盥洗槽龙头，以便于老年人进行洗手等操作。

卫生间如图 6.5 所示。

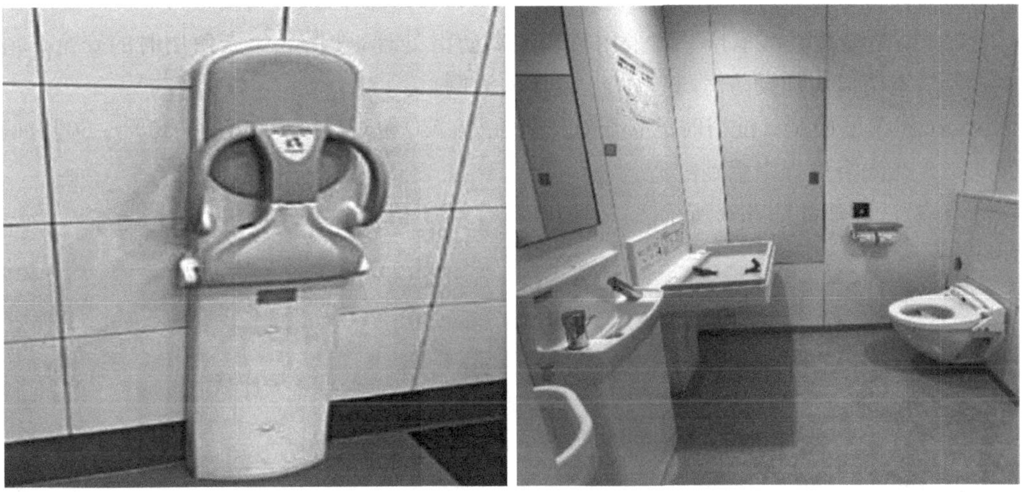

图 6.5　卫生间

3. 浴室

建议在居室未配置洗浴设施的情况下，设置集中式公共浴室。浴位数量应按服务对象人数确定，以每 8～12 个床位配备 1 个浴位为宜。需特别注意，轮椅使用者专用浴位数量应占总浴位数的 30%以上，且最低不得少于 1 个无障碍浴位。

浴室中各设备相关尺寸要求见表 6.1。

表 6.1　浴室中各设备相关尺寸要求

项目	尺寸/mm
浴位宽度	900～1 200
扶手高度	650～1 400
淋浴喷头高度	1 600
置物台高度	700～1 000
台面进深	≥150
坐姿淋浴喷头距地面的高度	1 400
龙头开关距地高度	700～800

(1) 助浴设施。浴室内应配备助浴设施，并应留有足够的助浴空间，方便护理人员协

助老年人进行洗浴。浴室应附设无障碍厕位、无障碍盥洗盆或盥洗槽，并应附设更衣空间，确保轮椅老年人能够方便使用。洗浴区应设置浴椅、淋浴用轮椅或浴床，以满足老年人坐姿、卧姿入浴的需求。

(2) 排水设施。洗浴区宜设置排水沟，排水沟的宽度宜为 150～200 mm，深度宜为 250 mm，上部设盖板并与周围地面平齐，确保排水顺畅。

(3) 浴缸设计。老年人使用的浴缸深度宜为 400～450 mm，三面临空，边缘高度应与座椅高度平齐，每侧留出不小于 600 mm 的护理空间，端头留出可供轮椅回转的空间。浴缸两侧应设置扶手，竖向扶手高度宜为 600～1 400 mm，横向扶手高度宜为 750 mm。

(4) 防滑处理。浴室扶手宜采用软包边等防滑处理，确保老年人使用时的安全。浴室内及浴室门口应加设防滑脚垫，防止老年人滑倒。

(5) 温湿度控制。洗浴时的室温宜维持在 30 ℃，相对湿度宜维持在 30%～60%，确保老年人在洗浴过程中感到舒适。

浴缸、洗手池如图 6.6 所示。

图 6.6　浴缸、洗手池

6.2　配套设施方面

6.2.1　文娱健身

养老设施的文体活动场所总面积需保证人均不低于 2.0 m^2。此类功能用房选址应注意远离老人卧室和休息区，避免噪声干扰。建议将规模较大的活动室布置在建筑底层，地面需保持平整无障碍，并配套设置公共卫生间及储物空间，以便于老年人日常使用。

文娱健身用房的具体设计要求如下：

(1) 多功能活动空间。养老建筑应至少设置 1 个多功能活动空间，宜按动态和静态活动的不同需求进行分区或分室设置。多功能厅等集体活动空间的单座使用面积宜为 1.2～1.8 m^2，多功能厅宜采用方正且中间无柱的设计，以便于老年人进行各种活动。

(2) 室外活动场地。应为老年人提供适宜的户外活动空间，并配备必要的休闲、锻炼及娱乐设施。场地选址需避开车辆通行区域，优先考虑向阳背风且阳光充足的位置。地面需平整防滑，排水系统应完善，坡度须控制在 2.5%以内。同时，在老年人主要活动区域附近应设置便利的公共卫生间，以满足使用需求。室外活动场地如图 6.7 所示。

图 6.7　室外活动场地

(3) 泳池设计。老年人泳池深度不宜大于 1.2 m,水温宜保持在 28～30 ℃。泳池应设置缓步入池台阶,泳池边缘应采用防滑地面,并通过色彩对比强化泳池边缘的辨识度。泳池内侧应设置扶手,泳池边应设置休息座椅,方便老年人休息和使用。泳池如图 6.8 所示。

图 6.8　泳池

(4) 休息设施。应设置充足的休息座椅和储物柜,方便老年人休息和存放物品。

6.2.2　康复医疗

护理站选址应满足以下要求:①位置醒目且相对居中,确保视线通畅无阻碍;②便于工作人员观察单元活动区及过道等公共区域。护理台建议采用高低台组合形式,其中高台推荐高度为 1 100 mm,低台高度以 750 mm 为宜。

康复医疗用房的具体设计要求如下:

(1) 医务室。医疗用房的使用面积应确保在 10 m^2 以上,其空间布局应保障基础诊疗和急救功能的实施,同时须具备良好的自然光照和空气流通条件。

(2) 康复用房。康复区域地面应保持水平,采用具有保护性能的铺装材料,空间规划需符合各类康复设备的操作需求，并宜配置洗手设施。

(3) 康复器材。应设有适合老年人使用的康复器材，如助行器、平衡板等，帮助老年人进行康复训练。康复医疗器材如图 6.9 所示。

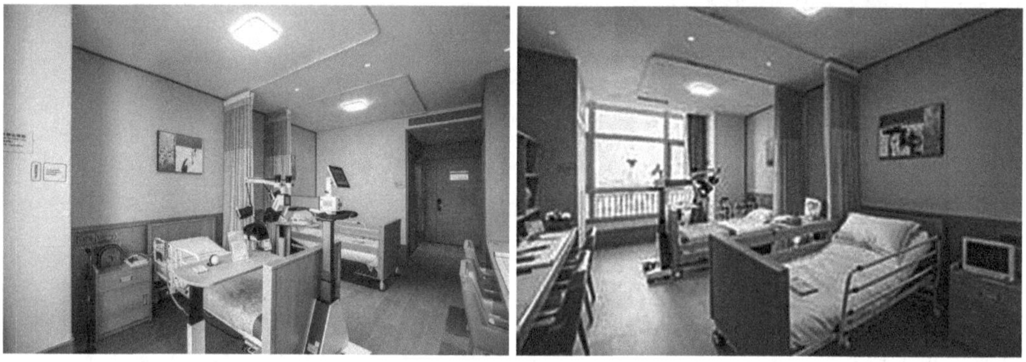

图 6.9　康复医疗器材

(4) 专业指导。应配备专业的康复师或健身教练，指导老年人进行科学合理的锻炼，确保康复效果。

6.2.3　医疗物资

养老建筑应配备基本的医疗设备和药品，例如血压计、血糖仪、体温计等。医疗物资应定期进行盘点和更新，以确保药品和设备在有效期内。应制定药品使用和管理制度，确保药品使用的安全性和有效性。同时，应配备专业的医护人员，为老年人提供医疗咨询和紧急救治服务。

6.2.4　管理服务

养老机构需配置管理功能区域，包括值班室、接待处、行政办公室、会议室和档案室等，并为电子办公设备的安装维护提供必要条件。后勤服务区域应设置符合卫生标准的厨房、具备洁污分离功能的洗衣房及各类储藏空间。其中，厨房设计需符合食品卫生规范，并采取隔音措施，以避免影响老人生活区；洗衣房应合理划分清洁与污染区域，满足洗涤、消毒、整理及存储等作业需求，其墙面、地面需采用防渗易洁材料，同时宜配备室外晾晒场所。

管理服务的具体设计要求如下：

(1) 员工休息室。应设员工休息室、卫生间等用房或空间，宜配备员工浴室、食堂等设施，以保障员工的工作和生活条件。

(2) 入住登记与接待。直接为老年人服务的入住登记、接待等窗口部门，其用房位置应明显易找并设置醒目标识，以便于老年人及其家属办理相关手续。

(3) 安全管理。应建立健全的安全管理制度和应急预案，确保在突发情况下能够迅速有效地应对。同时，应加强对老年人的安全教育和宣传工作，提高老年人的安全意识和自我保护能力。

6.2.5　交通空间

1. 总体设计原则

适老化交通空间设计需满足以下要求：

(1) 导向系统应清晰醒目，标识设置规范完整。

(2) 针对认知障碍老人，通行路线须保持连续性和便捷性。

(3) 主入口前须设置足够的缓冲区域，确保与机动车道安全衔接。

(4) 医疗急救通道应连通老人活动区域与救护车停靠点，保证担架和轮椅通行无阻，通道宽度和转弯半径需符合紧急医疗转运要求。

2. 具体设计要求

1) 出入口和门厅

(1) 出入口设计。养老建筑宜采用平坡出入口，地面坡度不应大于1/20，有条件时不宜大于1/30。出入口宜采用自动开启门或平开门，严禁使用旋转门。自动门应具备快速开启、缓慢闭合的功能，门扇宜部分透明，红外感应区域不宜过大，双门之间无感应区域不宜少于1 m。地面、台阶、踏步、坡道等应采用防滑材料铺装，并采取防止积水的措施，严寒、寒冷地区宜采取防结冰措施。出入口附近应设置助行器和轮椅停放区。

(2) 门厅设计。门厅宜靠近或面向外部主要道路，且应与主交通相邻布置。门厅内部宜设置2～3个方向引导，方向个数不宜超过3个。门厅内的服务台、电梯等设施应设置在进门后视野范围内。门厅如图6.10所示。

图6.10　门厅

2) 走廊

(1) 通行宽度。老年人使用的走廊，其通行净宽要求见表6.2。走廊通行净宽应按照扶手等突出物之间的尺寸计算，双侧布置房间的走廊宽度宜适当增加，居室门前空间可局部放大。对于护理型养老设施，其走廊宽度也宜适当增加。

表6.2　通行宽度要求　　单位：m

类别	通行净宽要求
一般情况	≥1.8

（续表）

类别	通行净宽要求
特殊情况	≥1.4
两侧墙体内表面	≥2

（2）其他要求。走廊净高不应小于2.3 m，吊顶上方管道空间不宜小于600 mm，地面铺装层厚度宜为50～100 mm。走廊侧壁应设置防撞板，高度不应小于350 mm。走廊两侧应设置扶手，当走廊宽度不足或一侧门过多时，可一侧设置扶手，且扶手应在落地窗、管井门处保持连续，高度宜为750～850 mm。走廊防火门不应设置门槛，地面不应有高差。走廊内应设置灭火器等消防设施，且不宜过于突出走廊墙面，可采取半入墙或全入墙设置。走廊中每隔一段距离宜设置电源插座。室内走道应连续，地面平整、防滑、反光小或无反光，且不铺设厚地毯。固定在无障碍通道的墙、立柱上的物体或标牌距地面的高度应不小于2.0 m。通行净宽应不小于1.2 m。无障碍通道上的门洞通行净宽应满足轮椅通行需求，净宽应不小于900 mm。

3）电梯

（1）设置要求。当在二层及以上楼层、地下室、半地下室设置老年人用房时，应设置无障碍电梯，且至少1台电梯能容纳担架。电梯配置数量需综合考虑建筑功能、楼层规模、平面布局、服务人数（按设计床位数或老年人口计算）、空间用途及电梯技术指标等多重因素。其中，服务于老人居住区的电梯，单台服务床位上限应控制在120床以内。

（2）位置与布局。电梯的位置应明显易找，且宜结合老年人用房和建筑出入口位置均衡设置。多部电梯宜临近布置，不宜分散布置或面对面布置。电梯宜与楼梯成组布置，可布置在北向、东西向、建筑凸角等位置，尽量具备自然通风采光条件。

（3）具体设计。无障碍电梯门净宽应大于900 mm，电梯门宜设置玻璃窗，电梯门外宜通过灯光及语音播报提示电梯运行状况及楼层。候梯厅深度不宜小于2.0 m，候梯厅内可设置休闲座椅。多台电梯单侧排列时，候梯厅深度不宜小于最大轿厢深度的1.5倍。消防楼梯及电梯可共用前室，并应封闭，共用时前室面积不应小于10 m^2。无障碍电梯内应设置低位操作面板，距地高度900～1 200 mm，按钮应醒目并增设盲文标识。无障碍电梯内距地高度350 mm处应设置防撞板，安全镜下沿距地高度宜为500 mm，且正对电梯门。电梯沿轿厢周边宜设置距地高度850 mm左右的扶手。电梯内应设置监控设施和紧急呼叫按钮，按钮高度应符合单独使用轮椅者的使用需求。

4）楼梯

（1）基本要求。适老化楼梯设计应符合以下规范要求：禁止采用弧形或螺旋式楼梯形式；梯段有效通行宽度≥1.2 m；踏步尺寸须保持统一，休息平台区域不得设置踏步；踏步前缘应平整无凸起，踏面下部须封闭处理；建议通过色彩或材质对比强化踏步边界的识别性；踏步前缘须铺设防滑面层，所有防滑装置不得突出踏面，前缘突出量应不大于10 mm；楼梯起始端宜采用特殊材质或色彩进行警示标识。

（2）扶手与安全措施。楼梯两侧应设置连续扶手，踏步起始端扶手应作延长。梯段与楼梯平台交接处宜设置立杆防止轮椅跌落。楼梯铺设地毯时，地毯应与踏步完全贴合。老年人使用的室内外交通空间，当地面有高差时，应设轮椅坡道连接，且坡度不应大于1/12。当轮椅坡道的高度大于0.10 m时，应同时设无障碍台阶。楼层应设置清晰的楼层标识，以提示到达楼层。

6.2.6 建筑细部

养老建筑的主要老年人用房窗地面积比（A_c/A_d）①宜符合以下要求：①单元起居厅、老年人集中使用的餐厅、居室、休息室、文娱健身用房、康复与医疗用房应满足 $A_c/A_d \geqslant 1:6$；②公共卫生间、盥洗室应满足 $A_c/A_d \geqslant 1:9$。

适老化建筑门窗设计应符合以下规范要求：①东西向窗户应配置遮阳设施；②公共活动区门的开启不得影响通行；③各类门的净宽标准，普通居室门净宽不小于0.8 m（宜为0.9 m）、护理居室门净宽不小于1.1 m、主出入口门净宽不小于1.1 m，多扇门中至少一扇门的净宽不小于0.8 m；④居室门、卫浴门等应配置双向开启锁具及易操作的棒状把手；⑤门洞处禁止设置门槛，建议设置观察窗；⑥单元门应安装缓冲装置；⑦相邻阳台宜连通，严寒地区建议封闭处理（通风面积不小于窗面积的30%），需设置晾衣设施，开敞式阳台栏杆应采取防坠措施（下部0.35 m须封闭）；⑧室内玻璃必须采用安全钢化玻璃，底部应设350 mm高金属护脚。

6.3 装饰装修方面

6.3.1 室内装修

室内装修应考虑康复辅助器具的收纳与使用空间，并预留所需建筑设备的条件。室内环境污染物浓度限量见表6.3。

表6.3 室内环境污染物浓度限量

污染物名称	浓度限量
氡	≤200 Bq/m^3
游离甲醛	≤0.08 mg/m^3
苯	≤0.09 mg/m^3
氨	≤0.2 mg/m^3
TVOC①	≤0.5 mg/m^3

注：①TVOC：Total Volatile Organic Compounds，总挥发性有机化合物。

室内家具应安全稳固，宜配备扶手，靠背不宜镂空，沙发和座椅的高度宜为450 mm左右，家具尖角应进行包边处理。室内色彩应有利于营造温馨、宜居的环境氛围，宜以暖色调为主。

标识设置应系统、连续、科学合理，符合老年人的认知特点，且应符合相关现行国家标

① A_c 为侧窗洞口面积，A_d 为房间地面面积。

准的规定。室内大理石材质地面的防滑系数应满足规范要求，即静摩擦系数 $COF \geqslant 0.6$。

6.3.2 供暖、通风与空气调节规定

为确保室内环境安全舒适，供暖系统须符合国家现行电加热标准，并配备防烫伤装置。厨房、卫浴等潮湿区域应安装带防回流功能的机械排风设备，同时配置稳定可靠的通风系统，以满足卫生要求。采用集中空调时，须配套新风系统，主要功能房间的最小新风量按换气次数标准执行：康复医疗用房及护理型居室、公共活动区等生活空间，建议每小时换气不少于 2 次。非护理型床位的居室等生活用房的最小换气次数要求见表 6.4。

表 6.4 非护理型床位的居室等生活用房的最小换气次数

人均居住面积 F_p/m²	每小时换气/次
$F_p \leqslant 10$	0.7
$10 < F_p \leqslant 20$	0.6
$20 < F_p \leqslant 50$	0.5
$F_p > 50$	0.45

6.4 建筑电气设施

生活用房、文娱与健身用房及辅助空间照度值应符合规定，宜选用暖色节能光源，相关色温应小于 3 300 K，显色指数宜大于 80，眩光指数宜小于 19。生活用房、文娱与健身用房及辅助空间的照度值见表 6.5。

表 6.5 生活用房、文娱与健身用房及辅助空间照度值

房间名称	照度值/lx
居室	150
单元起居厅、餐厅	200
卫生间、浴室、盥洗室	200
文娱与健身用房	300
门厅	200
走廊	150
楼梯间	100

6.5 专门要求

6.5.1 人员疏散

养老建筑的人员疏散应符合《建筑设计防火规范》(GB 50016—2014)的规定，每个照

料单元的用房均不应跨越防火分区。

6.5.2　环境卫生

适老化建筑及场地设计须符合卫生防疫要求，空间组织应考虑传染病防控需求。全日照护设施的生活用房建筑间距应不小于 12 m，并满足卫生间距标准。物流系统应实现洁污分离，医疗废弃物、换洗衣物等污染物品的运输路线须避开食品加工区及老人就餐区。医疗废物暂存间应配备专用清洗消毒设施，其运输路径应避免经过老人日常活动区。选址应符合《声环境质量标准》(GB 3096—2008)规定的 0～2 类声环境标准，对于 2 类区的室外活动场所，需采取声学防护措施。老人居室及休息区不得与电梯井、设备机房等高噪声区域相邻布置。

6.5.3　声环境

老年人用房室内允许噪声级应符合表 6.6 规定。

表 6.6　老人用房室内允许噪声级

房间类别		允许噪声级(等效连续 A 声级)/dB	
		昼间	夜间
生活用房	居室	≤40	≤30
	休息室	≤40	
文娱与健身用房		≤45	
康复与医疗用房		≤40	

房间之间的隔墙或楼板、房间与走廊之间的隔墙的空气声隔声性能应符合表 6.7 和表 6.8 规定。

表 6.7　房间之间的隔墙和楼板的空气声隔声标准

构件名称	空气声隔声评价量(R_w+C)/dB
Ⅰ类房间与Ⅰ类房间之间的隔墙、楼板	≥50
Ⅰ类房间与Ⅱ类房间之间的隔墙、楼板	≥50
Ⅱ类房间与Ⅱ类房间之间的隔墙、楼板	≥45
Ⅱ类房间与Ⅲ类房间之间的隔墙、楼板	≥45
Ⅰ类房间与走廊之间的隔墙	≥50
Ⅱ类房间与走廊之间的隔墙	≥45

注：R_w 指建筑物构件的计权隔声量，C 指计权交通噪声的频谱修正量。

表 6.8　老年人用房空场 500～1 000 Hz 混响时间(倍频程)的平均值

房间容积/m^3	混响时间/s
<200	≤0.8

（续表）

房间容积/m^3	混响时间/s
200～600	≤1.1
>600	≤1.4

6.5.4 地面防滑等级

无障碍设施的地面防滑等级及防滑安全程度应符合以下规定：在室外及室内潮湿地面工程中，无障碍通行设施的地面防滑等级为 Aw，防滑安全程度为高，防滑值 *BPN* 须达到 80 及以上；无障碍便利设施及无障碍通用场所的地面防滑等级为 Bw，防滑安全程度为中高，防滑值 *BPN* 小于 80 但不小于 60。

在室内干态地面工程中，无障碍通行设施的地面防滑安全等级为 Ad，防滑安全程度为高，地面静摩擦系数 *COF* 不小于 0.70；无障碍便利设施及无障碍通用场所的地面防滑等级为 Bd，防滑安全程度为中高，地面静摩擦系数 *COF* 小于 0.70 但不小于 0.60。

第 7 章　智慧养老项目技术应用介绍

7.1　智慧养老项目技术框架

7.1.1　技术体系框架

智慧养老项目采用可拓展的多层次结构，强调突破传统碎片化应用模式，从而实现不同场景、不同老年群体间的有效衔接与精准匹配。整体架构包括感知层、数据层、计算层和交互层四个维度，共同支撑智慧养老生态高效运转。

1. 感知层：构建全场景智能监测体系

感知层作为智慧养老系统的“神经末梢”，负责实时采集老年人生理、行为及环境数据，为后续智能分析与决策提供信息基础。

（1）可穿戴设备。采用柔性传感器、智能手环等设备，实时监测老年人的生命体征，如心率、血压、血氧等关键指标。通过全天候追踪老年人的心率变化，便于及时针对异常状况做出反应。

（2）无感生理检测。利用毫米波雷达、光学成像等技术，实现无接触式的生理采集。精准监测老年人的呼吸频率与睡眠质量。该方式无须老年人主动配合，极大地提升了监测的便捷性与舒适性。

（3）AI 行为识别。通过人工智能技术分析老年人的日常行为模式，如步态、活动轨迹等，实现跌倒预警、异常行为识别等功能。例如，通过分析老年人的步态变化，预测其跌倒风险，并及时发出预警。

（4）智能协同。利用智能门禁、无障碍设施等技术，提升社区的安全性与便利性。例如，智能门禁系统可以通过人脸识别技术，确保只有被授权人员才能进入社区，从而保障老年人的安全；无障碍设施则为行动不便的老年人提供便利，提升其生活质量。

2. 数据层：构建精准健康服务画像

数据层作为智慧养老系统的“大脑”，负责整合、存储、分析来自感知层的多种数据，为智能决策提供有力支撑。

（1）建立全生命周期健康档案。实现跨机制、跨场景的数据整合，汇集健康监测数据，接入医疗服务数据，并结合老年人饮食、运动、社交等生活方式数据，建立科学服务模型，以提供科学合理的健康管理建议。

（2）AI 智能分析与健康预测。运用机器学习技术，动态评估健康状况，精准预测慢性病风险，优化个性化健康干预策略，提升健康管理的前瞻性与精准度。

（3）精准服务匹配与资源优化。基于大数据分析和智能推荐，实现医疗、康养、社区服务的精准匹配，优化健康资源配置，提升服务可及性与便捷性。

（4）数据安全与隐私保护。采用区块链和隐私计算技术，确保数据存储安全、共享可控，严格管理访问权限，保障老年人健康数据的隐私和合规性。

3. 计算层：进行智能化决策驱动

计算层作为智慧养老系统的“中枢”，负责对数据层提供的信息进行深度计算与智能分析，并将其转化为精准、高效的决策支持，从而进一步优化资源配置。

（1）智能健康评估与预警。基于AI算法、大数据分析及生物传感技术，实时追踪老年人的健康状况，结合病史数据，预测慢性病发展趋势，精准识别潜在的健康隐患，通过早期筛查和分级预警，助力医疗机构和家庭提前干预，降低突发健康风险。

（2）个性化健康干预策略。依托全生命周期健康档案，融合个体的基因、生活方式和医疗数据，生成个性化的健康管理方案，并动态调整干预策略，智能推荐膳食计划、运动疗法和康复训练，实现健康管理的科学化和精准化。

（3）智能调度与资源优化。统筹医疗、护理、康复和生活服务资源，根据老年人的需求和机构的承载能力，实现智能匹配和动态调度。通过远程医疗、无人机配送和智能客服等手段，提升服务响应速度，确保养老资源的利用最大化。

4. 交互层：提供人性化服务体验

交互层是智慧养老系统的“桥梁”，连接老年人、家庭、医护团队与服务机构，打造高效、便捷、温情的互动体验，让科技更懂需求，让服务更有温度。

（1）健康医疗护理。构建远程医疗、健康监测、智能预警体系，实现在线问诊、用药提醒、康复训练等精准健康管理，一旦发现异常，系统自动联动医护人员和家属，实现快速响应，确保健康守护无盲区。

（2）便捷生活体验。整合智慧家居、无感支付、智能出行等服务，通过智能家电语音操控、一键呼叫生活管家、智能代步设备等科技手段，让老年人享受高效、无忧、个性化的服务体验，让智慧养老真正融入日常、贴近生活。

（3）情感关怀陪伴。依托智能语音助手、AI陪伴机器人、虚拟社交平台等技术，提供全天候情感支持。通过语音交流、视频互动、兴趣社群、在线课程等方式，丰富老年人的精神世界，缓解孤独感，保障心理健康。

7.1.2 关键技术选型与集成

结合我国养老需求特点，聚焦三大关键技术突破，推动智慧养老从“被动响应”向“主动预防”、从“标准化供给”向“精准适配”全面升级，构建具有国际竞争力的智慧养老技术体系。

1. 主动健康管理：从“被动响应”向“前瞻性预防”跃迁

传统养老模式多依赖事后干预，难以应对老年人复杂的健康需求。通过多模态数据融合与AI预测分析，构建主动健康管理技术体系，实现从“疾病治疗”到“健康预防”的范式转变。通过整合可穿戴设备、智能家居、医疗影像等多源异构数据，构建全域健康数据池，打破数据孤岛，形成完整的老年人健康画像。

基于深度学习与时间序列分析，开发高精度健康风险预测模型。系统可提前预警高血压、糖尿病、认知障碍等慢性疾病风险，实现“未病先防”。结合强化学习与自适应算法，构建动态健康干预模型。模型可根据老年人的实时健康状态，自动生成个性化的饮食、运动、用药等干预方案，并通过智能设备实时反馈执行效果，形成闭环管理。

通过有效靠前管理，不仅促进了国内健康数据与 AI 预测分析的深度融合，还有助于推动我国智慧养老技术达到国际领先地位，显著提升健康管理的精准化与智能化水平。通过主动健康管理，老年人能够更好地预防疾病，提升生活质量，同时降低医疗资源的消耗。

2. 环境智能控制：从“命令控制”向“自然交互”跨越

传统智能设备依赖触控、语音等单一交互方式，难以满足老年人（尤其是行动不便或技术接受度较低群体）的需求。通过类脑计算与情感 AI，实现智能交互技术的升级，完成从“机械式命令”到“自然化交互”的跨越。开发具备情感识别与认知能力的智能助手，通过自然语言处理与情感计算，实现与老年人的情感化交互。系统可感知老年人的情绪波动，提供个性化的情感支持与心理疏导。

融合手势识别、视线追踪等前沿技术，构建多模态交互体系。老年人无须依赖复杂的触控或语音指令，仅通过手势、眼神或脑电波即可控制智能设备，极大地降低了使用门槛。基于强化学习与用户行为分析，系统可动态调整交互策略，以适应不同老年人的操作习惯与认知能力，提供个性化的交互体验。

3. 数据融合与决策：边缘计算与 AI 模型部署

在智慧养老系统中，数据的高效融合与实时决策是提升服务质量的关键。通过边缘计算与 AI 模型部署，实现从“数据孤岛”到“全域协同”的跃升。通过边缘计算技术，系统能够在本地设备上实时处理和分析数据，减少数据传输延迟，提升响应速度。例如，智能手环可以在本地实时分析老年人的心率异常情况，而无须将数据传输到云端，从而确保在紧急情况下能够快速响应。

结合 AI 模型部署，能够在边缘设备上运行复杂的 AI 算法，实现实时决策与反馈。例如，通过部署深度学习模型，可以实时分析老年人的行为数据，预测跌倒风险，并及时发出预警。同时，还可以根据老年人的健康数据，动态调整健康管理方案，提供个性化的服务推荐，老年人能够更轻松地使用智能设备，享受科技带来的便利与关怀。

7.2 智慧养老项目的实施路径

7.2.1 需求分析与顶层设计

养老型建筑的人性化设计需要以老年人需求为主，合理选择建筑地点、空间布局及功能分区，科学划分老年用户群体，精准识别不同群体的需求，进而进行科学的顶层设计，这是制定有效养老服务体系的基础。

1. 用户画像：不同老年群体需求

基于健康状况与生活自理能力，现代老年人群体大致可以分为以下三类：自理老人、半失能老人和失智老人。这三类群体在生活需求、社会关系以及医疗保障方面存在显著差异，需要提供有针对性的服务关怀。

1）自理老人

自理老人通常是指年龄在60岁及以上，身体各项机能较为正常，具备较强的生活自理能力的老人。他们可能伴有部分慢性疾病，如高血压、糖尿病等，但总体而言，病情控制较好，能够独立完成日常生活起居。

此类老人可能的需求聚焦于以下方面：健康管理，如定期开展体检、慢性疾病监测等；社会关怀，维持一定的社交属性，如参与社区活动、文化娱乐等；居家生活，引入一定智能化家居产品，帮助自理老人提升生活便利性及安全保障。

2）半失能老人

半失能老人由于年龄增长或疾病影响，生活自理能力明显下降，如因骨质疏松带来的一定行动不便等，需要外部介入进行关怀与支持。

此类老人可能的需求聚焦于以下方面：辅助照顾，日常生活中穿衣、如厕、进食等可能需要借助视频监护方式进行协助等；康复护理，结合AI设备等，联动属地医疗资源，开展康复恢复指导。

3）失智老人

失智老人（如阿尔茨海默病患者）通常已失去大部分生活自理能力，且还伴有记忆力衰退、情绪不稳定及严重认知障碍等情况，具有一定安全风险，故需要全天候照护。

此类老人可能的需求聚焦于以下方面：全面照护，在生活起居、个人卫生方面进行全面协助；安抚陪护，需要利用AI技术进行虚拟陪伴、认知训练，并精准进行监控，以延缓病情进展。

2. 功能模块优先级排序

在智慧养老体系的构建中，功能模块的优先级应当基于老年用户人群的核心需求进行科学排列。由于老年人普遍面临健康风险，故首要任务是确保其生命安全，因此紧急救助功能的定位是第一；其次是健康管理，需要通过预防和控制慢性疾病来延缓衰老进程；最后是生活服务，可提升老年人日常生活的便利性和生活质量。

1）紧急救助

作为智慧养老体系的核心模块，紧急救助是保障老年人生命安全的重要防线，需确保第一时间响应，从而最大限度地降低生命安全威胁。

例如，通过智能手环等设备，系统可实时监测老年人的生活情况，精准识别其异常表现。一旦发现异常情况，系统将自动向家属或医护人员发送警报，且通过简单的指令或语音救助系统，自动发送求救信息；此外，通过各类智能化设备，也可以定期采集老人的生命体征数据，结合人工智能分析数据，在必要时可自动触发远程医疗干预或者上门服务。

2）健康管理

作为智慧养老体系的重要功能，健康管理在日常生活服务中提供健康数据支撑，增加科学预防手段，并增强在健康过程中的精细化管理。

例如，部署一些联网的健康检测设备，为老年人提供初步的检测手段；结合AI设备，对老年人的生理及心理状况进行评估，从而辅助制订个性化的营养目标及饮食计划；通过康复设备,针对老年人器官及肢体衰老的特点,设计特定康复训练,从而减轻受伤风险;通过虚拟陪伴机器人,有助于解决老年人孤独、焦虑问题,提供情感互动。

3) 生活服务

作为智慧养老体系的日常功能,生活服务主要聚焦于满足老年人日常生活中的各类协助需求,为老年人提供更舒适的生活体验。

例如,智能家居技术可通过简单调配灯光、空调等设备实现自动调节,老年人还可结合语音指令等操作家电,提高生活便捷度;针对行动不便的老人,可提供智能电动轮椅,并根据老年人的行动轨迹,规划无障碍公交、定制化出行方案;在生活照料方面,可根据老年人的健康状况及饮食偏好,提供定制化餐饮配送服务,且自动调度护理员、保洁人员上门服务,为老年人提供更舒适的生活支持。

7.2.2 分阶段实施策略

智慧养老项目的实施需遵循循序渐进、逐步完善的过程,通过规范标准要素开发为行业标准化应用提供指导,在效率和易用性之间寻找平衡,充分考虑老年人的使用能力和习惯,通过有序试点探索、深入系统拓展、持续优化升级三个阶段,确保方案的可行性、实用性和可持续性。

1. 试点阶段:单场景验证,聚焦关键痛点

以居家安全监测系统为核心,测试核心技术在特定场景下的可行性,验证技术方案的可靠性,收集用户反馈,并为后续拓展奠定基础。

(1) 构建基础智能监测体系。在养老社区内部署基础的智慧监测系统,如智能手环、跌倒检测摄像头、紧急呼叫按钮等,以保障老年人安全。

(2) 采集试点健康数据。试行可穿戴设备与家庭医疗设备(如血压计、血氧仪、心率监测器等)的数据采集功能,建立初步的健康档案。

(3) 测试智能辅助工具。引入基础的智能家居产品(如语音助手、电动护理床、智能照明等),观察老年群体对智能设备的适应情况,并收集使用反馈,以优化设备交互方式。

(4) 建立初步的应急响应机制。试行基于智能监测的紧急救助功能,一旦检测到老年人跌倒、呼吸异常等情况,系统可向家属、物业或社区医护人员发送警报,检验救助链路的可行性与响应时效。

2. 拓展阶段:多场景联动,推动规模化应用

在试点经验的基础上,积极拓展智慧养老场景,促进信息互联互通,打通社区养老中心、家庭终端、医疗机构等多个应用节点,通过各场景间的有效联动,提升服务的全面性和协同性。

(1) 构建智慧养老社区。在试点社区内设立“健康驿站”,将居家监测数据与社区医护资源相连接,提供定期健康评估、慢性病管理、康复训练等服务。

(2) 推动家庭-社区-医院三级场景互联。搭建统一的信息化平台,打通社区养老驿站、家庭终端与医院医疗系统,实现老年人健康数据的流转,支持远程会诊、慢性病管理和精准康复指导。

(3) 引入 AI 护理。推广智能护理机器人,提供语音陪伴、服药提醒、健康问答等服

务，缓解护理人员短缺问题，实现有效监护。

(4) 优化生活服务体系。完善智慧养老生活服务平台，为老年人提供在线预约护理、智能出行规划、定制化餐饮配送等服务。

(5) 强化应急救助网络。在社区内部建立更完善的应急响应机制，配备智能定位手环、紧急呼叫终端，并与急救中心对接，实现高效应急救助。

3. 优化阶段：数据驱动升级，构建智慧闭环

在充分收集应用反馈的基础上，持续优化智慧养老系统，通过持续加大投入、引入外部保障措施，提升个性化服务水平，实现“主动关怀”，使得养老服务更懂人心。

(1) 建立健康数据智能分析模型。基于长期采集的健康数据，运用人工智能算法分析老年人健康趋势，预测潜在风险，提供个性化健康干预方案。

(2) 优化智能照护方案。结合老年人的使用反馈，迭代升级智能家居与辅助护理设备，使其更加符合老年人的操作习惯和真实需求。

(3) 提升主动服务能力。系统基于老年人行为模式进行学习，主动提供健康建议、饮食方案、运动指导等服务，实现从“被动响应”到“主动关怀”的转变。

(4) 完善智能决策支持系统。构建养老机构、医疗机构和政府部门协同的智能决策平台，利用大数据分析养老趋势，优化资源配置，提高整体养老服务水平。

(5) 推广标准化智慧养老体系。结合前期实践经验，制定智慧养老技术与服务标准，推动行业规范化发展，促进更大范围的推广与应用。

通过以上分阶段的实施策略，智慧养老项目将逐步实现从试点到拓展再到优化的全过程，最终构建起一个高效、智能、人性化的养老服务体系，为应对老龄化社会的挑战提供有力支持。

7.3 智慧养老项目应用场景

随着全球人口老龄化的加剧，养老问题已成为社会关注的焦点。传统养老模式已难以满足现代社会需求，智慧养老应运而生。智慧养老通过整合物联网、大数据、人工智能等先进技术，为老年人提供更加个性化、便捷、高效的服务。本节将详细探讨智慧养老项目的应用场景，展示其在实际生活中的广泛应用和深远影响。

1. 智能家居与安全监控

1) 智能家居系统

智慧养老的核心之一是智能家居系统。通过物联网技术，家中的各种设备可以实现互联互通，老年人可以通过语音助手或智能手机轻松控制家中的灯光、温度、窗帘等。例如，老年人只需说“打开客厅灯”，智能家居系统便会自动执行命令。这种便捷的操作不仅提高了老年人的生活质量，还减少了他们在日常生活中的不便。

2) 安全监控系统

安全是老年人居家养老的重要保障。智慧养老项目中的安全监控系统通过安装的智能摄像头、烟雾探测器、煤气泄漏报警器等设备，实时监控家中的安全状况。一旦发生异常情况，系统会立即向家属或社区服务中心发送警报，确保老年人得到及时救助。例如，

当检测到煤气泄漏时，系统会自动关闭煤气阀门，并通知相关人员进行处理，有效预防安全事故的发生。

2. 健康管理与远程医疗

1）健康监测设备

智慧养老项目中的健康监测设备是老年人健康管理的重要工具。老年人通过佩戴智能手环、智能手表等设备，可实时监测心率、血压、血糖等生理指标。这些数据会自动上传至云端，家属和医生可以通过手机 App 随时查看老年人的健康状况。例如，当系统监测到老年人的心率异常时，会立即发出警报，提醒家属或医生采取相应措施。

2）远程医疗服务

远程医疗是智慧养老的重要组成部分。通过视频通话、在线问诊等方式，老年人可以在家中与医生进行面对面的交流，获得专业的医疗建议。此外，远程医疗还可以实现电子处方开具和药品配送，大幅简化就医流程。例如，老年人在家中感到不适时，可以通过远程医疗平台与医生进行视频问诊，医生根据病情开具电子处方，药品随后配送到家，避免了老年人往返医院的奔波之苦。

3. 社交互动与心理关怀

1）社交互动平台

智慧养老项目中的社交互动平台为老年人提供了一个便捷的交流渠道。老年人通过智能手机或平板电脑，可随时与家人、朋友进行视频通话，分享生活中的点滴。此外，平台还设有兴趣小组、在线课程等功能，老年人可以根据自己的兴趣爱好参与各种活动来丰富其精神生活。例如，老年人可以通过平台参加书法、绘画等在线课程，与其他志同道合的老年人交流学习心得，增进彼此间的友谊。

2）心理关怀服务

心理健康是老年人幸福生活的重要保障。智慧养老项目中的心理关怀服务依托人工智能技术，为老年人提供情感支持和心理疏导。例如，智能聊天机器人可以与老年人进行日常对话，倾听他们的心声，缓解其孤独感。此外，平台还提供心理咨询师在线服务，老年人可以随时预约专业心理咨询师进行心理辅导，帮助他们应对生活中的压力和困扰。

4. 智能助行与生活辅助

1）智能助行设备

智慧养老项目中的智能助行设备为行动不便的老年人提供了极大的便利。例如，智能轮椅可以通过语音控制或手机 App 进行操作，老年人可以轻松实现自主出行。此外，智能拐杖内置导航系统，可以帮助老年人在户外行走时找到最佳路线，避免迷路。这些智能助行设备不仅提高了老年人的行动能力，还增强了他们的自信心和独立性。

2）生活辅助机器人

生活辅助机器人是智慧养老项目中的一大亮点。这类机器人可以帮助老年人完成日常生活中的各种任务，如打扫卫生、做饭、取物等。例如，智能扫地机器人可以自动清洁地面，减轻老年人的家务负担。此外，智能烹饪机器人可以根据老年人的饮食偏好和健康需求，自动烹饪健康美味的菜肴，确保他们的饮食营养均衡。

5. 社区服务与紧急救援

1）社区服务平台

智慧养老项目中的社区服务平台为老年人提供了全方位的社区服务。通过该平台，老年人可以预约家政服务、维修服务、送餐服务等，以满足日常生活中的各种需求。例如，有电器需要维修时，老年人可以通过平台预约专业维修人员上门服务，省去了寻找维修点的麻烦。此外，平台还具有社区活动信息发布功能，老年人可以随时了解社区内的各种活动，积极参与其中，丰富晚年生活。

2）紧急救援系统

紧急救援系统是智慧养老项目中的重要保障。老年人佩戴智能手环或智能手表，遇紧急情况可一键呼救，系统会立即向家属、社区服务中心和急救中心发送求救信号，确保老年人得到及时救助。例如，老年人在家中突然摔倒时，只需按下手环上的紧急按钮，系统便会自动定位并通知相关人员前往救援，极大地提高了救援效率。

6. 数据分析与个性化服务

1）数据分析平台

智慧养老项目中的数据分析平台通过采集与分析老年人的健康数据、行为数据等，为其提供个性化的服务建议。例如，平台可以根据老年人的健康数据，推荐适合他们的运动计划和饮食方案，帮助他们保持健康的生活方式。此外，平台还可以根据老年人的行为数据，预测他们的需求，提前提供相应的服务，提高服务的精准性和有效性。

2）个性化服务推荐

个性化服务推荐是智慧养老项目中的重要功能。平台通过大数据分析，可以根据老年人的兴趣爱好、生活习惯等，推荐适合他们的服务和活动。例如，平台可以根据老年人的阅读习惯，推荐适合他们的书籍和杂志；根据老年人的运动习惯，推荐适合他们的健身课程和活动。这些个性化服务不仅提高了老年人的生活质量，还增强了他们的幸福感和满意度。

智慧养老项目通过整合先进技术，为老年人提供了全方位、个性化的服务，极大地提高了他们的生活质量。从智能家居到健康管理，从社交互动到紧急救援，智慧养老的应用场景涵盖了老年人生活的方方面面。随着技术的不断进步，智慧养老将在未来发挥更加重要的作用，为老年人创造更加美好、幸福的晚年生活。

第 8 章　智慧养老项目案例分析

8.1　项目案例功能介绍

本案例以“杭州、上海、成都”养老项目为主，结合其他已建成的养老项目案例，对主要功能进行分析。依托地域特色资源与文化底蕴，构建融合康养居住、文旅休闲、医疗康复及文化体验于一体的高端综合性养老社区，重点强化健康养生这一核心功能，为自理型、辅助照料型及专业护理型（含认知症照护）老年群体提供优质服务体系。

本案例主要功能分析包括：数字监控系统、车辆管理系统、电子巡更系统、老人定位系统、侍老对讲系统、人体感知系统、智能家居系统和门禁考勤消费一卡通系统。经典养老案例如图 8.1 所示。

杭州市某养老项目

上海市崇明区某养老项目

上海市普陀区某养老项目

成都市某养老项目

图 8.1　经典养老案例

8.2 智慧养老系统介绍

8.2.1 数字监控系统

数字监控系统设计采用纯数字化 IP 监控方案。前端设备全部采用高清 1080P 网络摄像机，网络摄像机输出的视频信号通过网线接入交换机，再经由监控平台，利用解码器将视频信号解码后输出至大屏幕监视墙显示。同时，视频信息通过硬盘录像机进行存储，回放画质可达 1080P，记录保存时间不少于 30 天。

摄像机的主要布置位置包括：园区出入口、大楼与外界的出入口、地下停车场出入口(含自行车出入口)、地下停车场主要通道、地面停车位、园区广场、主要道路交叉关口、园区周界、消控中心、电梯厅、客梯轿厢、楼栋护士前台、养老楼层走道、老人会诊区、财务室、输液室及可上人的室外露台等。

楼栋一层及地下一层的主要出入口设置人脸识别摄像机，通过后台的人脸识别设备可对出入人员进行识别。监视设备采用 46 英寸超窄边 LCD 液晶屏，以 4×4 共 16 块组成屏幕墙。监视设备如图 8.2 所示。

图 8.2 监视设备

8.2.2 车辆管理系统

车辆管理系统用于实现停车场智能化管理，可对出入车库的车辆进行监视和控制。在整个管理过程中，系统通过车辆车牌的识别与比对技术实现车辆出入管控。该系统一般由进出口控制主机、挡车器、车辆检测器、车牌识别摄像机、通信器、管理软件及计算机等设备组成。

该系统在园区 2 个出入口及 2 个地下车库出入口分别布置(安全岛及岗亭建设需第三方配合)。系统具备以下特点：免刷卡、取票；通过视频智能识别车辆，提高通行效率，且车牌识别率高，综合识别准确率超过 99%；具备车场满位管理功能，可设置相应的管理规则；支持多重计费形式与支付模式，可根据现场实际需求灵活设置；道闸与地感联动，具备防跟车、防砸车功能；支持出入图像抓拍与比对，确保车辆安全并方便调查取证；以车牌作为唯一凭证，核算机制严密，有效避免收费漏洞。

此外,系统支持停车场车位、数据、设备、人员分权分级管理,集中部署高清像素网络摄像头,视频及图像分辨率最大支持 1 920×1 080,图像清晰。通过统一平台管理,数据实时入库,车流量大小、车位使用率、收费金额等信息一目了然。车辆管理系统如图 8.3 所示。

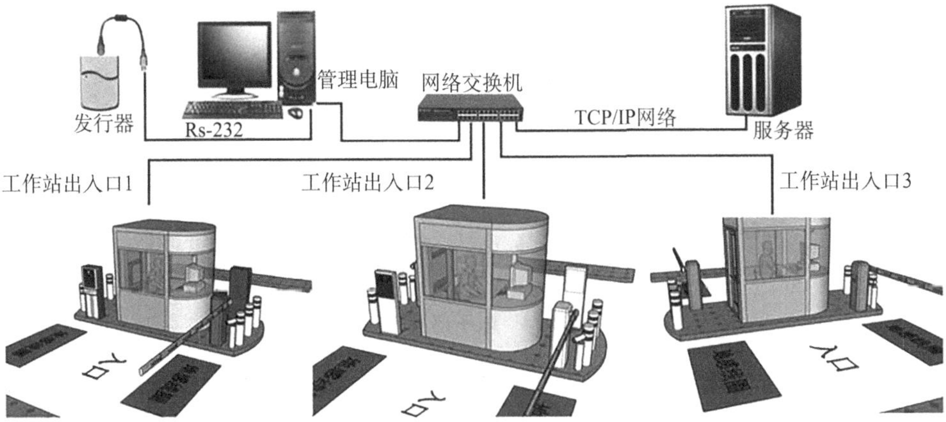

图 8.3　车辆管理系统

8.2.3　电子巡更系统

基于安防系统特性,在强化技防措施的同时,通过部署电子巡更系统,确保安保人员能够按规定时间、路线及点位对园区各区域进行巡查,从而实现人防与技防的有机结合,全面提升园区的安全防范水平。巡更人员配备便携式数据采集终端,通过感应式读取各巡查点的信息钮编号,并精确记录接触时间(精确至秒)。数据可暂存于大容量采集器内,后期通过数据线导入管理系统。配套软件平台提供以下功能模块:

(1) 多级权限管理。设置系统管理员与操作员不同权限,支持定期更新登录密码。

(2) 人员设备管理。无限制添加巡更人员并绑定采集终端,采用芯片识别技术降低管理成本。

(3) 巡更点管理。灵活设置巡查点位且数量不限。

(4) 排班管理。支持跨零点班次划分。

(5) 路线规划。最多可设置 999 条巡查路线,便于追踪遗漏点位。

(6) 智能查询。支持按人员、时段、路线等条件组合检索,生成巡查汇总表、异常事件表及漏检报表,并支持月度统计与打印输出。

(7) 数据维护。具备定期数据备份及恢复功能,数据可存储至各类存储介质。电子巡更系统如图 8.4 所示。

8.2.4　老人定位系统

老人定位系统旨在为有定位服务需求的老人提供服务定位功能和紧急求助报警功能,覆盖整个公共区域及室外园区,防范老人意外跌倒时无人能够及时救助的情况。

在园区设置功能识别点,园区主干路段设置地感线圈,地感线圈需配合预留电源进行安装。

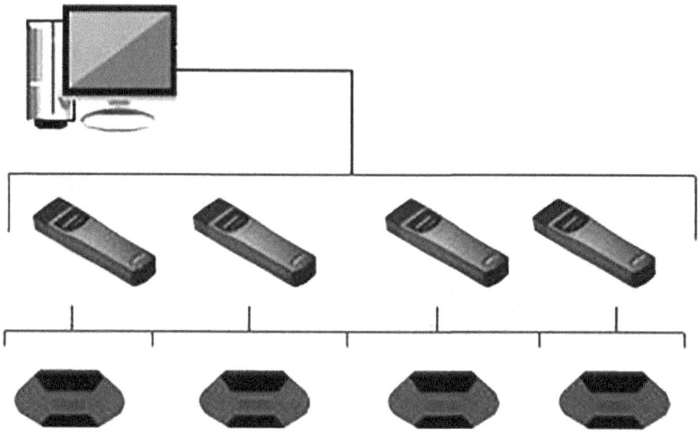

图 8.4　电子巡更系统

同时，配置近位控制器，通过老人佩戴的无线手环实现定位管理。护士和后台工作人员可以通过手持机管理所辖区域内老人的手环，定位识别准度可达 1～3 m。当老人遇到情况发出紧急求助时，系统能够提供及时救助管理。

系统具备以下功能：

（1）自动记录功能：能够从各方面记录不同种类的信息，完整记录呼叫求助处理的全过程，包括呼叫、响应、到场、处理完成等环节，并进行服务跟踪与统计分析。若超时无人响应，系统后台将自动报警提醒。

（2）设备可移动性管理：系统可根据实际运用及使用情况，随时调整设备位置，可随时添加、删减或移动设备，且系统不受影响，采用无线设备实时控制线路。

（3）无线多功能求助手环：可腕带或吊坠式佩戴，设备小巧无重物感，腕带不会导致皮肤过敏，手环具备一键式求助呼叫报警功能，采用防水防尘设计（IP67 设计），方便老人洗浴和泡澡时使用。电池寿命应大于 1 年，采用换电池方式，避免重复充电带来的运营负担，且具备低电压自动提醒功能。结合近位天线覆盖进行自动定位，求助呼叫时可显示老人位置信息，日常可记录老人行动轨迹。此外，手环还具有一卡通刷卡功能，可进行门禁、消费、门锁的联动管理。长者用多功能智能手环如图 8.5 所示，护士/护工用移动护士/护工机如图 8.6 所示。

图 8.5　长者用多功能智能手环

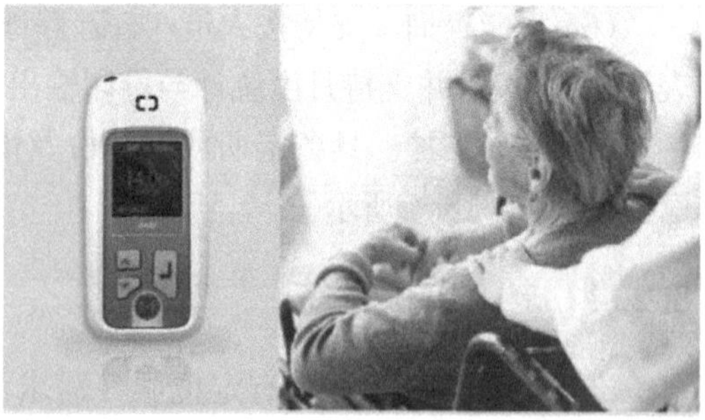

图 8.6　护士/护工用移动护士/护工机

8.2.5　侍老对讲系统

侍老对讲系统在老人床位边设置侍老对讲分机，并在卫生间的马桶边、洗浴间、沙发、书桌等位置设置紧急报警拉绳。紧急报警拉绳有多种款式可供选择，拉绳长度为 2 m，可垂地，便于老人跌倒时爬行触发警报。拉绳具有 IP67 防水防尘等级，360°无死角设计，各个方向均可操作。

护理公寓的老人可通过床头分机呼叫护士站，并与护士站进行双工对讲。系统通话音质好、对讲声音洪亮，即便老人卧床休息，亦能与护士站正常通话。当老人在卫生间发生紧急情况时，可通过报警拉绳快速向护士站求助。

每个护士或医生休息值班室均配有一台桌面式分机，当护士站无人接听时，可通过值班室主机接听床头分机呼叫信息。同时，系统配备了移动手持机，护士可随身佩戴，实现与床位分机的移动接听和对讲功能，这样即使护士不在护士台，也能及时回应与处理老人的需求。

根据精装图床位布局设置拉绳报警点位，针对大小床切换及新增床位的预留点位，仅需预埋线管并安装空白面板，待后续切换或增加床位时，再安装拉绳报警面板即可。报警拉绳如图 8.7 所示，报警拉绳设置如图 8.8 所示。

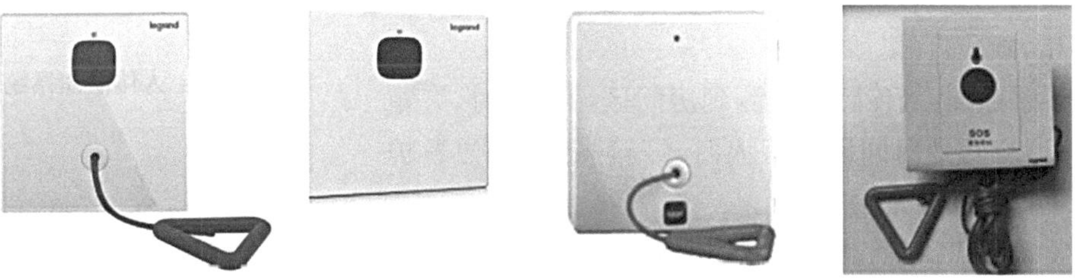

图 8.7　报警拉绳

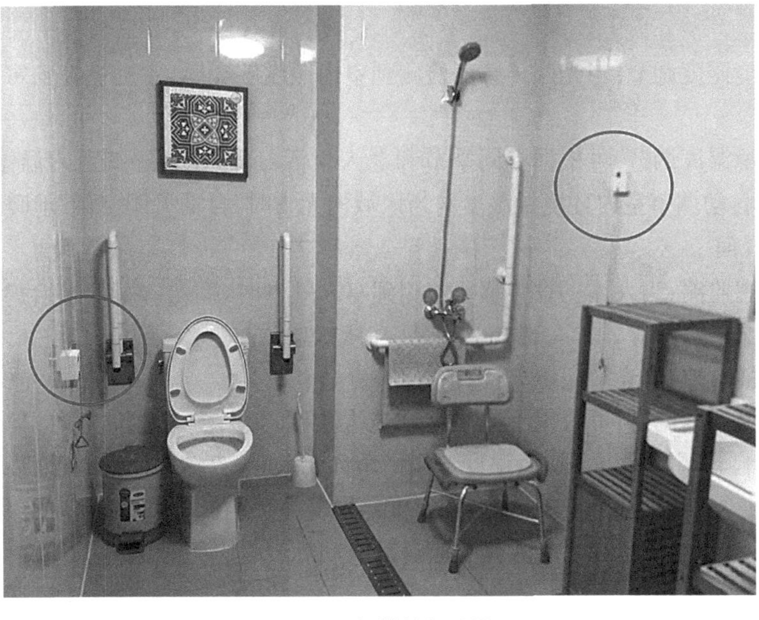

图 8.8　报警拉绳设置

8.2.6 人体感知系统

考虑到园区内居住人员大多为老人，在客房洗手间及进门玄关处设置了人体感知系统。系统设定：早晨5:00之后的5 h内，若红外感应装置未感应到人体移动，则触发报警；同时，当人员摔倒且长时间不活动时，系统也会报警，并通过Wi-Fi信号将报警信息发送到管理处，以便工作人员能够及时处理。人体感知系统如图8.9所示。

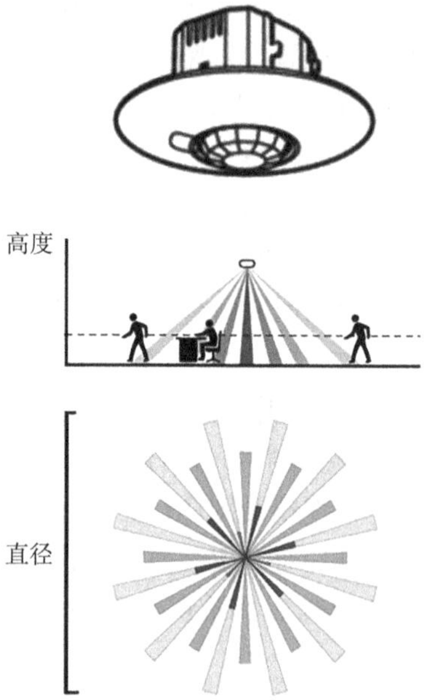

图8.9 人体感知系统

8.2.7 智能家居系统

智能家居系统在每个老人公寓内布署智能家居设备，包含智能灯光与智能电动窗帘，使老人无需起身操作，即可完成开关动作。同时，配置智能家居网关，支持通过语音对灯光和窗帘进行控制。除样板区外，灯光仅设计“一键回家”和“一键离家”模式。

1. 公区走廊

传感监测：当传感器监测到房间区域无人时，灯箱熄灭；当监测到房间区域有人时，灯箱亮起，方便看护人员了解房间内是否有人。

紧急状态反馈：当紧急呼叫按钮被触发时，灯箱亮红色，以提醒看护人员紧急处理。

2. 公区起居厅

(1) 传感监测：当人体场景传感器监测到起居厅区域无人时，灯光熄灭；有人时，灯光亮起。

(2) 环境照度调节：当光照传感器检测到室内照度够亮时，主动操控窗帘、灯光，以调节环境照度。

(3) 环境湿度调节：可根据不同季节和老人生活习惯，实时感知室内温湿度，联动空调/地暖等，自动调节室内环境温湿度。当区域内无人时，自动关闭空调/地暖。

3. 护理间

(1) 传感监测：当人体场景传感器监测到有人跌倒时，推送告警信息给护理前台。睡眠监测带可监测呼吸率、心率、体动及离床/在床状态。

(2) 智能灯控：灯光缓亮缓灭，保护眼睛，舒适健康。

(3) 环境湿度调节：可根据不同季节和老人生活习惯，实时感知室内温湿度，联动空调/地暖等，自动调节室内环境温湿度。当区域内无人时，自动关闭空调/地暖。

(4) 紧急呼叫：当紧急按钮被触发时，推送告警信息给护理前台。

(5) 起夜场景：夜里起夜时人体感应自动联动灯带缓缓亮起。

4. 自理双拼间卧室

（1）传感监测：当人体场景传感器监测到有人跌倒时，推送告警信息给护理前台。睡眠监测带可监测呼吸率、心率、体动及离床/在床状态。

（2）智能灯控：灯光缓亮缓灭，保护眼睛，舒适健康。

（3）环境湿度调节：可根据不同季节和老人生活习惯，实时感知室内温湿度，联动空调/地暖等，自动调节室内环境温湿度。当区域内无人时，自动关闭空调/地暖。

（4）紧急呼叫：当紧急按钮被触发时，推送告警信息给护理前台。

（5）起夜场景：夜里起夜时人体感应自动联动灯带缓缓亮起。

（6）智能床：具备 6 种智能睡眠模式和 3 种震动按摩功能，可缓解疲劳。

5. 自理双拼间客厅

（1）传感监测：当人体场景传感器监测到客厅区域无人时，灯光熄灭；有人时，灯光亮起。

（2）智能灯控：灯光缓亮缓灭，保护眼睛，舒适健康。

（3）环境湿度调节：可根据不同季节和老人生活习惯，实时感知室内温湿度，联动空调/地暖等，自动调节室内环境温湿度。当区域内无人时，自动关闭空调/地暖。

自理双拼间客厅如图 8.10 所示。

图 8.10　自理双拼间客厅

8.2.8　门禁考勤消费一卡通系统

管理软件采用多点发卡机制，客户机与服务器之间通过 TCP/IP 协议联网，具备快速、安全、可靠的特性。同时，管理软件采用制卡防冲突机制，当网络上的两个客户端需要同时连接到同一间客房进行制卡操作时，服务器端将依据“先到先得”原则判断发卡权归属，从而有效避免不同客户端发出同一客房房卡的情况。此外，多点发卡功能还支持多点数据查询，极大地方便了管理工作。

8.3 智能电锁

智能电锁设计是为各套老人公寓配置电子机械智能门锁，且支持后台数据管理与授权，能够与养老管理系统数据对接，采用一卡通标准格式识别。系统设计考虑与定位手环融合，支持老人直接使用定位手环开锁。

管理软件可对所有智能卡钥匙进行全面管理，对所有门锁的信息、数据进行处理和查询，具备多级管理功能，界面直观，使用方便。同时，该软件还具备以下功能：

(1) 多语言选择功能。软件支持简体中文、英文操作界面自由切换，满足不同用户需求。

(2) 操作方便。采用友好的交互界面，每个操作步骤都有详细提示，直观方便，非专业人员经简单培训即可上手操作。

(3) 严密的分级(权限)管理制度。软件可自由设置各级系统操作员的操作权限，使操作员职责明确、权限分明。

(4) 完善的统计报表功能。软件可查询统计各操作员的操作记录、制卡记录及开锁记录等，并具备报表打印功能，方便管理。

(5) 数据维护功能。数据维护功能可对门锁系统数据进行保护，使系统故障排除更加便捷，从而避免因系统故障不能及时排除而无法制作开门卡、降低服务质量等问题。

8.4 智慧护理

智慧医院系统包括医护对讲、护理白板、ICU 探视、排队叫号、信息发布、健康宣教等子系统，通过先进的技术和智能化设备优化医院管理及业务流程，助力医院实现信息化、数据化、智能化转型，为智慧养老的长远发展提供有力支持。

智慧病房系统包含医护主机、门口机、床位分机、求助按钮、走廊显示屏、门灯和护士移动主机等设备(图 8.11)，可实现 ICU 探视功能(包括可视对讲、多方对讲、探视监看及

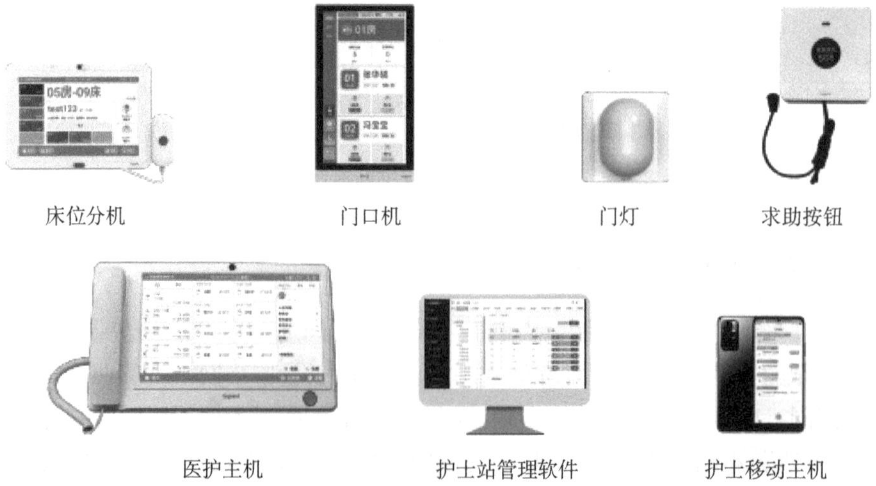

图 8.11　智慧病房系统

录音录像）以及手术室对讲功能（支持可视对讲、手术看板显示、分区广播和录音录像），同时集成排队叫号、输液管理和信息发布等智能化服务功能。

智慧病房系统功能具体如下：

（1）多端呼叫求助：可通过床头分机或房间门口机呼叫护士站，也可使用拉绳向护士站发出求助信息。

（2）护理代接：在门口机或床头分机开启护理代接功能，可将病区内的呼叫转接到该房间的床头分机。

（3）护理增援：在门口机或床头分机点击增援按钮，可请求同事前来协助。

（4）通话录音：呼叫通话支持录音留存，录音永久有效。

（5）信息展示：可显示患者信息、护理等级，并同步医院信息系统显示费用信息。

（6）分区广播：可按照区域、时间、床位设置广播，支持预存 MP3 音频文件。

（7）拓展门禁：系统可对接门禁设备，支持人脸识别或刷卡进出病区。

参考文献

[1] 宫仁贵. 基于供需视角的智慧居家社区养老服务研究[D]. 长沙：湖南农业大学，2023.

[2] 王杰，董少龙. 智慧养老技术及落地应用指南[M]. 北京：电子工业出版社，2021.

[3] 罗守贵，谈义良. 中国养老行业发展报告 2022[M]. 上海：上海交通大学出版社，2022.

[4] 杨根来，刘开海. 养老机构经营与管理[M]. 北京：机械工业出版社，2019.

[5] 徐志立. 智慧养老内涵与模式[M]. 西宁：青海人民出版社，2019.

[6] 左美云. 智慧养老的内涵、模式与机遇[J]. 中国公共安全，2014(10)：48-50.

[7] 张蕾. 我国医养结合机制构建研究[D]. 石家庄：河北师范大学，2020.

[8] 吴雪松. 长沙市老旧社区居家养老现状调研与改造技术选用[D]. 长沙：湖南大学，2018.

[9] 吕振芳. 社区居家养老 PPP 项目的回报机制研究[D]. 济南：山东建筑大学，2019.

[10] 李佳薇. 大理市发展“候鸟式”养老模式的实践研究[D]. 昆明：云南师范大学，2017.

[11] 李颖菲. 河南省医养结合试点机构服务能力现况[D]. 郑州：郑州大学，2020.

[12] 徐毅，朱玲梦. 中国农村养老问题与对策研究[J]. 农村经济与科技，2020，31(23)：234-238.

[13] 刘颂. 居家养老助餐服务现状及满意度调查：以江苏省镇江市为例[J]. 老龄科学研究，2019，7(9)：44-59.

[14] 兰花. 完善跌倒老年人社会援助机制的对策建议[J]. 中国经贸导刊，2022(11)：87-90.

[15] 杨建馨. 老年癌症患者灵性应对调查及叙事治疗干预研究[D]. 太原：山西医科大学，2022.

[16] 刘亚南. 徐州市单集镇基本养老服务问题与对策研究[D]. 徐州：中国矿业大学，2020.

[17] 姜若愚，刘奕文，杨子江. 养老地产开发运营模式[M]. 昆明：云南大学出版社，2014.

[18] 王秀双. 人口老龄化背景下我国城镇养老产业发展模式与途径研究[D]. 贵阳：贵州财经大学，2017.

[19] 郑昌浩. 社区养老服务医养护一体化研究[D]. 上海：上海工程技术大学，2017.

[20] 李士青. 乡村振兴背景下基于返乡养老现象的乡村营建策略研究：以湖南省孝坪镇村域养老院为例[J]. 大众文艺，2022(12)：62-64.

[21] 盖英文，孙慧妍. 开发性金融支持养老产业发展的实践分析[J]. 开发性金融研究，

2016(1):83-87.
[22] 石丽.社区综合性养老设施设计的多元化和可持续性研究[J].城市建筑,2021,18(16):47-50.
[23] 刘月.南京市养老地产的供需现状及开发对策[J].住宅科技,2015(9):54-61.
[24] 柏永春.基于建设项目实践的全过程工程咨询研究[D].合肥:合肥工业大学,2020.
[25] 贾翊铭.政府工程全过程工程咨询组织架构模式研究[J].建设监理,2020(1):37-40,71.
[26] 李查得,吴克华.浅谈全过程工程咨询项目机构设置与沟通模式[J].建设监理,2022(10):14-15,40.
[27] 周赤卫.全过程工程咨询单位的进度管理及应用研究[J].城镇建设,2024(10):283-285.
[28] 刘伟.政府项目实施全过程工程咨询探索和思考探索[J].建材发展导向,2020,18(15):129.
[29] 闻雯,马跃.福利多元主义视域下的我国城市养老服务供给模式研究[J].邢台学院学报,2020,35(2):5-10,20.
[30] 王莹莹.老年公寓身份识别系统的研究[D].天津:天津科技大学,2019.
[31] 蔡子畅,朱建君,薛屹峰,等.城市既有住区住宅适老化改造设计指标研究[J].建设科技,2018(21):43-51.
[32] 郑滋阳.江苏扬中市农村老旧住宅适老化改造策略研究:以南江村为例[D].南京:南京工业大学,2020.
[33] 李喆.城镇互助式养老公寓空间设计:以湘潭雨湖区锦德养老公寓设计为例[D].湘潭:湖南科技大学,2023.
[34] 和武力.城市社区中"医养结合"下的养老设施建筑设计研究[D].西安:西安建筑科技大学,2017.
[35] 李浩.广东地区旧厂房改造的养老院设计研究[D].广州:广州大学,2018.
[36] 周燕珉.《养老设施建筑设计详解》(1～2卷)[J].建筑,2019(10):53.
[37] 葛禹杉.我国康养型养老设施室内空间的适老化设计研究[D].沈阳:鲁迅美术学院,2022.
[38] 周燕珉.老年住宅套内空间设计:起居室篇[J].住宅,2012(3):86-89.
[39] 肖志云.主动式混合型养老社区设计研究[D].长沙:湖南大学,2020.
[40] 易荣.医养结合模式下养老产业园设计研究[D].长沙:湖南大学,2019.
[41] 赵喜.养老设施养护单元设计研究:以合肥市为例[D].合肥:安徽建筑大学,2020.
[42] 常晓敏.基于养老服务的乡村闲置校舍改造研究:以陕西省澄城县为例[D].邯郸:河北工程大学,2020.
[43] 吴双.医养结合模式下峨眉圣光福地养老中心适老化设计[D].成都:成都理工大学,2020.
[44] 赵童.社区老年人服务设施社会心理支持性设计研究[D].哈尔滨:哈尔滨工业大学,2021.

[45] 张娜. 基于老年人行为的介护型养老设施公共空间优化设计策略研究[D]. 西安：西安建筑科技大学，2020.

[46] 李可. 基于德国“适老住宅分级预备标准”的沈阳市旧住宅适老化分级改造研究：以沈阳建筑大学单位社区为例[D]. 沈阳：沈阳建筑大学，2019.

[47] 李婷杰. 西北地区养老设施室内公共活动空间设计研究[D]. 西安：西安建筑科技大学，2020.

[48] 吕晓. 交往视角下的养老设施公共空间优化设计研究：以大连既有建筑改建养老设施为例[D]. 大连：大连理工大学，2022.

[49] 孙黇芝，邹广天，罗颖超. 社区综合养老服务设施使用后评价体系研究[J]. 建筑与文化，2021(2)：160-162.

[50] 王曦晨. 老年人照料设施防火疏散楼梯设计研究：以大庆市为例[D]. 大庆：东北石油大学，2020.

[51] 余志红. 基于适老化理念的养老建筑空间设计[J]. 工业建筑，2016，46(8)：56-60.

[52] 刘奕莎. 健康导向下老年人照料设施空间环境安全设计研究[D]. 重庆：重庆大学，2020.

[53] 尤鹏飞. 合肥市老年公寓室外景观设计研究[D]. 哈尔滨：哈尔滨理工大学，2019.

[54] 赵宁. 养老社区园林景观规划设计研究：以青岛市中康颐养社区为例[D]. 济南：山东建筑大学，2021.

[55] 董少龙. 智慧健康养老标准体系框架探析[J]. 社会福利，2018(12)：34-35.

[56] 张新苹，温清尧. 智慧工地在建筑工程管理中的应用[J]. 中国金属通报，2024(5)：173-175.

[57] 钞宁. 鄂尔多斯市东胜区智慧养老服务问题研究[D]. 呼和浩特：内蒙古大学，2021.

[58] 彭纯. 湖南建工集团养老保障问题研究[D]. 长沙：湖南师范大学，2016.